중국어 회화 100일의 기적

100일 후에는 나도 중국어로 말한다!

중국어회화 100일의 기적

지은이 손승욱
펴낸이 임상진
펴낸곳 (주)넥서스

초판 1쇄 발행 2018년 5월 10일
초판 29쇄 발행 2024년 7월 15일

2판 1쇄 인쇄 2025년 1월 20일
2판 1쇄 발행 2025년 2월 10일

출판신고 1992년 4월 3일 제311-2002-2호
주소 10880 경기도 파주시 지목로 5
전화 (02)330-5500 팩스 (02)330-5555

ISBN 979-11-6683-988-7 13720

출판사의 허락 없이 내용의 일부를
인용하거나 발췌하는 것을 금합니다.
저자와의 협의에 따라서 인지는 붙이지 않습니다.

가격은 뒤표지에 있습니다.
잘못 만들어진 책은 구입처에서 바꾸어 드립니다.

www.nexusbook.com

100일 후에는 나도 중국어로 말한다!

중국어 회화
100일의 기적

손승욱 우기부기 지음

넥서스

저자의 말

회화 공부법의 Secret, 비밀을 알아내다

〈우기부기TV〉, 〈우기부기중국어〉 채널을 운영하는 유튜브 영상 크리에이터 손승욱입니다. 저의 이전 직업은 중국어 관광통역안내사였습니다. 그런데 제가 중국어를 공부했던 경험을 유튜브 영상으로 많은 분들과 나누기 시작했더니 자연스럽게 직업이 바뀌게 되었습니다.

저는 중국어 공부를 처음 시작할 때부터 '효율적인 회화 공부법'에 관심이 많았습니다. 같이 공부하던 친구들이 한 단어라도 한 문장이라도 더 공부하려고 할 때, 저는 어떻게 하면 더 빨리 더 효율적으로 공부할 수 있을까를 고민했죠. "그 시간에 단어 하나라도 더 외우지 그래?" 하고 타박하던 친구의 말에도 굴하지 않고, 공부법 서적들을 파고들었습니다. 그렇게 해서 엄청난 비법을 바로 얻을 수 있었다면 참 좋았겠지만, 결과는 실망스러웠습니다. 몇 달간 찾아 헤매도 답을 제대로 알려 주는 곳은 없었습니다. 그 많은 교육 현장에서도 발견하지 못한 '비밀'을 젊은 청년이 단 몇 달 만에 알아내는 것을 세상이 허락해 주지 않는 듯했습니다.

그렇게 저의 '비밀을 향한 꿈'을 마음 깊숙이 숨겨 놓고 남들과 비슷한 평범한 길을 걸었습니다. 학원에 다니며 중국어 단어와 문법을 배웠고, HSK 5급 시험을 치른 후에 필사적으로 암기식(?) 공부를 해서 관광통역안내사 자격

증을 취득했습니다. 중국어 공부의 원래 목적이었던 중국어 가이드 일을 어떻게든 할 수 있게 된 건 저에게 의미 있는 일이었습니다. 하지만 진짜 문제는 그때부터였습니다. 국내에서 책상머리에만 앉아 공부했던 중국어를 중국인 관광객들 앞에서 유창하게 말한다는 건 애초에 불가능한 일이었죠. 운이 좋아 여행사에 취직은 했지만 저는 몸(?)으로 일하는 가이드였습니다. 대화가 잘 통하지 않으니 어떻게든 몸으로 때우며 일했습니다.

대화는 잘 되지 않아도 관광객들이 여행할 때 꼭 필요한 정보만큼은 어떻게든 달달 외우고 가서 손짓발짓 해 가며 설명해 주었습니다. 그런 정성이 감동을 주었던 것인지 컴플레인을 제기하는 고객은 없었지만, 한 팀씩 일을 반복할수록 제 마음속에는 죄송한 마음이 쌓여 갔습니다. '이분들이 무슨 잘못이 있다고 나 같은 중국어 가이드를 만나 제대로 된 정보도 듣지 못하고 고생하는가?' 하는 죄책감이 날로 커져 갔습니다.

그래서 여행 도중에 쉬는 시간이나 일정이 없어 쉬는 날이면 항상 찾아다닌 것이 '회화 공부법'이었습니다. 어떻게 하면 빨리 회화 실력을 향상시켜서 고객들과 제대로 소통할 수 있을까 고민했습니다. 이전에 읽었던 언어학 서적뿐만 아니라 새롭게 나오는 여러 서적들도 있는 대로 사들여서 읽고, 인터넷

자료들을 수도 없이 뒤졌습니다. 여러 국내파 외국어 성공 사례들도 모으고 그 공통점들을 분석했습니다. 그러면서 조금씩 '회화 공부법의 비밀'에 다가설 수 있었습니다.

결국에 인간이 하는 모든 말도 하나의 '습관'이라는 것을 깨달았습니다. 모국어인 한국어도 습관의 결과물입니다. 그 필요성을 잘 느끼지 못해서 우리는 주위 사람들 또는 자신의 모국어 언어 습관을 확인해 보지는 않습니다. 막상 마음먹고 주의 깊게 들여다보면 각자가 쏟아내는 말들은 항상 '습관'처럼 반복되는 것을 확인할 수 있습니다. 이전에 자주 써 왔던 단어들이 이후의 문장에도 반복해서 등장하고, 자주 쓰는 문장 표현들이 전체 대화의 대부분을 차지합니다. 그동안 자주 사용하지 않았던 생소한 단어를 사용하려고 하면 발음도 잘 안 되고 쉽게 머리에 떠오르지도 않죠. 이게 바로 언어 학습의 본질입니다. '**많이 사용한 단어와 문장은 습관이 되면서 자신의 단어와 문장이 된다**'라는 것입니다. 부모님께 다양한 단어와 문장 표현들을 들으면서 성장한 아이들은 그렇지 않은 아이들에 비해 훨씬 더 다양한 단어와 표현을 구사합니다. 그 말인즉슨 외국어 **공부를** 할 때도 여러 가지 **표현을** 많이 듣고 많이 말해 보는 게 외국어를 잘할 수 있는 방법입니다.

여기까지 이야기를 들어 보면 '이미 알고 있던 이야기를 또 하고 있구나'라는 생각이 드실 겁니다. 네, 맞습니다. 우리는 이미 알고 있었습니다. 외국어 공부도 이렇게 똑같이 하면 된다는 것을요. 그런데 왜 우리는 항상 회화 공부에 실패해 왔을까요? 알고는 있지만 이 방법을 이대로 실천하지도 않았고 실천하더라도 오래 유지하지

않았기 때문입니다. 좋은 방법을 체계적인 방법으로 알려 주는 교육 과정이 없었기 때문이기도 하죠.

그래서 저는 여러 가지 서적들과 영상을 통해서 얻은 좋은 정보들만 모아서 외국어 학습의 체계를 잡기 시작했습니다. 그리고 그 체계적인 방법을 설명하는 영상을 찍어 '외국어 6개월 만에 마스터하는 비법'이라는 제목으로 유튜브 채널에 올렸습니다. 그 반응은 기대 이상이었습니다. 자극적인 제목 때문에 '누가 또 광고하고 있나?' 하는 생각으로 들어오셨던 많은 분들이 오히려 설득을 당하고 감사의 댓글을 달아 주셨습니다.

이 공부법을 요약하면 이렇습니다.

1. 100일 동안 기초 회화책 한 권을 '자신의 문장'으로 만든다.
2. 영화 한 편을 100번 반복적으로 보면서 '자신의 문장'으로 만든다.

여기서 가장 중요한 것이 단순히 외우는 것이 아니라 원어민의 음성을 '한 문장 구간 반복'으로 듣고 입으로 따라 하는 것입니다. 절대 그냥 듣기만 해서도 안 되고, 자기 방식대로 문자를 읽어서도 안 됩니다. '듣고 따라 해야' 합니다. 언어 학습의 핵심은 '모방'에 있습니다.

「중국어회화 100일의 기적」은 이런 공부법들을 구체적으로 실행할 수 있도록 만든 책입니다. 이 책 한 권으로 중국어 회화의 기본을 탄탄하게 다질 수 있도록 구성했고, '회화 공부'에 특화되어 있다고 자신할 수 있을 만큼 심혈을 기울였습니다. 다양한 중국어 표현을 소개하기보다는 왕초보 학습자들이 회화를 더 빨리 효율적으로 익힐 수 있도록 하는 데 중점을 두었습니다. 그래서 앞에서 나온 표현들이 이후에 반복되기도 하고, 어렵고 복잡한 문장보다는 기초를 다질 수 있는 쉽고 간단한 문장들을 수록했습니다.

물론 수준 높은 중국어를 구사하기 위해서는 다양한 표현과 고급 문법을 공부하셔야 합니다. 하지만 이는 기초 단계에서는 오히려 독이 될 수 있습니다. 수백, 수천 개의 단어와 문장을 맹목적으로 암기하는 데 우리는 너무 많은 시간을 허비했습니다.

기초 단계에서 꼭 필요한 것은 '많은 단어와 표현들'이 아니라 외국어 문장의 기본적 체계를 내 몸에 체화시키는 것입니다. 문장 어순을 머리가 아닌 몸이 익혀야 합니다. 이것이 먼저 해결되면 많은 단어와 다채로운 표현은 자동으로 따라올 것입니다.

중국어 회화를 빨리 익힐 수 있는 지름길을 안내해 드릴 테지만, 그 지름길이 결코 쉽지는 않을 것임을 말씀드리고 싶습니다. 지름길로 가든 먼 길을 돌아서 가든 공부라는 건 쉽지 않은 일입니다. 이왕이면 똑같이 노력을 하더라도 확실한 효과가 보장되고 빠른 길을 선택하시길 바랍니다. 제가 그 길을 같이 걷는 동반자가 되어 드리겠습니다.

저자 우기부기 손승욱

중국어! 당신도 할수있습니다!! 加油!

'중국어회화 100일의 기적' 공부 방법

1단계
MP3 듣기

먼저 MP3를 들으면서 오늘 공부할 내용을 눈과 귀로 훑어보세요. **1번 듣기**와 **3번 듣기** 두 가지 버전의 MP3를 제공합니다. **3번 듣기 MP3**는 한 문장을 세 번씩 듣고 따라 말하기 연습을 할 수 있도록 구성했습니다.

2단계
한 문장씩
듣고 말하기

한 문장당 5분씩

한 문장씩 반복해서 듣고 따라 말하기 연습을 합니다. 단순히 한 문장을 암기하는 게 아니라 귀로 반복해서 들으면서 '몸'이 기억하게 합시다. 자주 들었던 노래의 가사를 자연스럽게 흥얼거리게 되는 것과 같은 원리입니다. 중국어 문장이 귓가에 맴돌도록 자주 듣고 따라 말하다 보면 나도 모르게 입에서 튀어나오게 됩니다. 스트레스를 받으면서 억지로 외우려고 하는 게 아니라, 집중하되 편하게 들으면서 따라 해야 자연스럽게 몸이 기억합니다.

3단계
전체 문장 말하기

전체 반복 10분

대화문을 들으며 따라 말해 보세요. 아직 잘 따라 하지 못하는 문장이 있으면 **3단계**로 돌아가서 그 문장만 집중적으로 익힙니다.

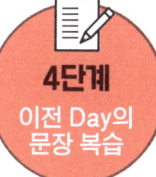

4단계
이전 Day의 문장 복습

지난 시간에 공부한 내용을 복습하지 않으면 우리의 뇌는 서서히 그 문장을 잊게 됩니다. 주말에 한두 시간 정도는 그 주에 공부했던 내용들을 꼭 복습하기 바랍니다. 단 5분이라도 좋습니다. 외국어 학습에서 복습은 생명입니다.

무료 MP3 듣는 방법

방법1 스마트폰으로 책 속의 QR코드를 인식하면 MP3를 바로 들을 수 있습니다.

방법2 넥서스 홈페이지(www.nexusbook.com)에서 도서명으로 검색하시면, 회원 가입 없이 바로 무료로 다운 받을 수 있습니다.

이 책의 특징

1 오늘의 표현 확인!
오늘 공부할 내용을 훑어보세요.

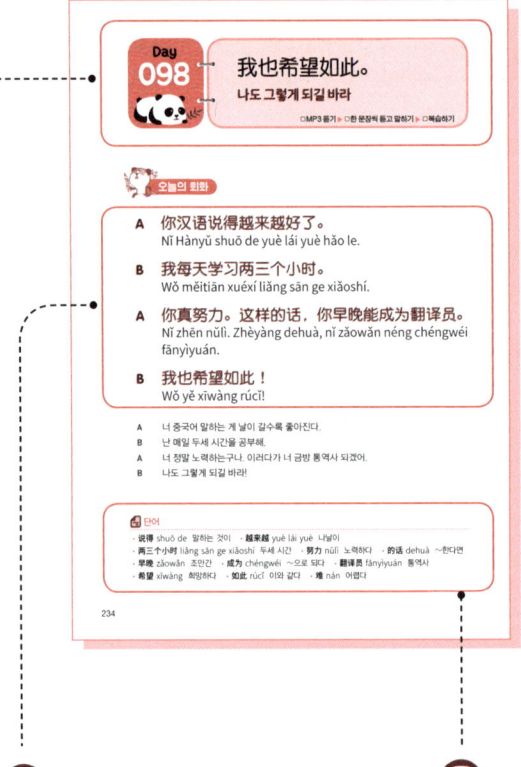

2 오늘의 회화
회화의 기본을 탄탄하게 다질 수 있도록 구성한 중국어 대화문입니다.
MP3를 듣고 따라 말하는 연습을 해 보세요.

3 단어
잘 안 외워지는 단어는 형광펜으로 표시해 놓고 보면 편하겠죠?

④ 덩어리 문장 분석

기초 단계에서는 문장의 기본적인 체계를 익히는 것이 중요합니다.
문장 어순을 내 몸에 체화시켜 보세요!

⑤ 핵심 어법

'회화를 중심'으로 공부하고 '어법은 이해'하고 넘어가는
정도로만 생각하시기 바랍니다. 어법 규칙을 신경 쓰다
보면 오히려 회화를 익히는 데 방해가 될 수도 있습니다.
중국인과의 실전 회화 상황에서는 어법이나 발음이 틀리는
것에 신경 쓰지 않고 우선 말해 보는 것이 회화 실력
향상에 도움이 됩니다. 어법 암기보다는 문장을 반복해서
듣고 따라 말하기 연습을 많이 해 주세요.

100일의 기적
학습 진도표

Day 001~015		페이지	공부한 날
DAY 001	你是学生吗？ 당신은 학생입니까?	022	월 일
DAY 002	你叫什么名字？ 당신의 이름은 무엇입니까?	024	월 일
DAY 003	我很饿。 배가 많이 고파요	026	월 일
DAY 004	你看什么？ 너 뭘 보니?	028	월 일
DAY 005	很可惜。 좀 아쉽네	030	월 일
DAY 006	你做什么工作？ 직업이 뭐예요?	032	월 일
DAY 007	我不知道。 난 몰라요	034	월 일
DAY 008	你喝咖啡吗？ 커피 마실래?	036	월 일
DAY 009	她是谁？ 그녀는 누구야?	038	월 일
DAY 010	这是谁啊？ 이게 누구야?	040	월 일
DAY 011	很好吃。 정말 맛있어요	044	월 일
DAY 012	你有时间吗？ 시간 있니?	046	월 일
DAY 013	我最近学汉语。 나 요즘 중국어 공부해	048	월 일
DAY 014	这是谁的？ 이거 누구 거예요?	050	월 일
DAY 015	今天看电影怎么样？ 오늘 영화 보는 거 어때?	052	월 일

	Day 016~033	페이지	공부한 날
DAY 016	现在几点？ 지금 몇 시예요?	054	월 일
DAY 017	你什么时候睡觉？ 너는 언제 자?	056	월 일
DAY 018	这儿有酒吗？ 여기 술이 있나요?	058	월 일
DAY 019	你明天干什么？ 너 내일 뭐 할 거야?	060	월 일
DAY 020	你喝什么？ 뭐 마실래?	062	월 일
DAY 021	小心一点儿。 조심해	066	월 일
DAY 022	你能喝几瓶烧酒？ 너 소주 몇 병 마실 수 있어?	068	월 일
DAY 023	你喜欢中国歌吗？ 중국 노래 좋아해?	070	월 일
DAY 024	你吃饭了吗？ 너 밥 먹었어?	072	월 일
DAY 025	我想去中国。 중국에 가고 싶어	074	월 일
DAY 026	我可以用一下你的手机吗？ 네 핸드폰 좀 사용해도 될까?	076	월 일
DAY 027	你什么时候回去？ 너 언제 돌아가?	078	월 일
DAY 028	你去哪儿？ 너 어디 가?	080	월 일
DAY 029	当然知道。 당연히 알지	002	월 일
DAY 030	你们要什么？ 무엇을 원하십니까?	084	월 일
DAY 031	你几月几号去中国？ 몇 월 며칠에 중국에 가?	088	월 일
DAY 032	我们在哪儿学习？ 우리 어디서 공부하지?	090	월 일
DAY 033	别担心。 걱정 마	092	월 일

	Day 034~050	페이지	공부한 날
DAY 034	图书馆怎么走？ 도서관에 어떻게 가요?	094	월 일
DAY 035	我跟她分手了。 그녀와 헤어졌어	096	월 일
DAY 036	你想吃什么就吃什么。 너 먹고 싶은 거 그걸로 먹자	098	월 일
DAY 037	真不像话！ 정말 꼴불견이야!	100	월 일
DAY 038	他住哪儿？ 그는 어디 살아?	102	월 일
DAY 039	我感冒了。 감기에 걸렸어	104	월 일
DAY 040	这个多少钱？ 이거 얼마예요?	106	월 일
DAY 041	你会说汉语吗？ 너 중국어 할 줄 알아?	110	월 일
DAY 042	你在干什么？ 너 뭐 하고 있어?	112	월 일
DAY 043	她是我的姐姐。 그녀는 우리 언니야	114	월 일
DAY 044	怎么去？ 어떻게 가?	116	월 일
DAY 045	你喜欢中国菜吗？ 너 중국 음식 좋아해?	118	월 일
DAY 046	我是来学汉语的。 중국어 공부하러 왔어	120	월 일
DAY 047	我给你介绍一下我的朋友。 내 친구를 소개할게	122	월 일
DAY 048	我不是故意的。 고의가 아니었어	124	월 일
DAY 049	怎么了？ 무슨 일이야?	126	월 일
DAY 050	他太过分了。 걔 정말 너무한다	128	월 일

Day 051~067

		페이지	공부한날	
DAY 051	我已经做好了。 이미 다 했어요	132	월	일
DAY 052	你会骑自行车吗？ 자전거 탈 줄 알아?	134	월	일
DAY 053	我哪儿有钱啊！ 내가 돈이 어디 있니!	136	월	일
DAY 054	你要不要相亲啊？ 너 소개팅 할래, 안 할래?	138	월	일
DAY 055	你喜欢踢足球吗？ 축구 하는 거 좋아해?	140	월	일
DAY 056	你辛苦了。 수고했어	142	월	일
DAY 057	明天又是星期一了。 내일 또 월요일이네	144	월	일
DAY 058	听得懂。 알아들어요	146	월	일
DAY 059	真厉害！ 정말 대단해!	148	월	일
DAY 060	你别生气了。 화내지 마	150	월	일
DAY 061	好极了！ 정말 좋겠다!	154	월	일
DAY 062	考试考得怎么样？ 시험 친 것 어땠어?	156	월	일
DAY 063	没关系。 괜찮아	158	월	일
DAY 064	你每星期去几次？ 일주일에 몇 번 가?	160	월	일
DAY 065	我头疼得很厉害。 머리가 너무 아파	162	월	일
DAY 066	我还给你。 너한테 돌려줄게	164	월	일
DAY 067	你真了不起！ 너 정말 대단하디!	166	월	일

		페이지	공부한 날
Day 068~084			
DAY 068	这真是一个好主意！ 이거 정말 좋은 생각이다!	168	월 일
DAY 069	改天再去吧。 다른 날 가자	170	월 일
DAY 070	吓死我了。 놀라 죽을 뻔했네	172	월 일
DAY 071	你看错人了。 사람 잘못 보셨어요	176	월 일
DAY 072	我得减肥了。 다이어트 해야겠어	178	월 일
DAY 073	连孩子都会。 어린애들도 다 해	180	월 일
DAY 074	不用了。 괜찮습니다	182	월 일
DAY 075	就要下雨了。 비가 오려고 해	184	월 일
DAY 076	说不出口。 말을 못 꺼내겠어	186	월 일
DAY 077	已经说好了嘛。 이미 얘기 끝낸 거잖아	188	월 일
DAY 078	我们走上去吧。 걸어 올라가자	190	월 일
DAY 079	发生了什么事儿？ 무슨 일이 일어난 거야?	192	월 일
DAY 080	该你请客了。 네가 한턱낼 차례야	194	월 일
DAY 081	记住了！ 기억해!	198	월 일
DAY 082	不行。 안 돼	200	월 일
DAY 083	真受不了。 정말 못 참겠어	202	월 일
DAY 084	累死了。 피곤해 죽겠어	204	월 일

	Day 085~100	페이지	공부한 날
DAY 085	恭喜你啊。 축하해	206	월 일
DAY 086	我想一个人静静。 혼자 조용히 있고 싶어	208	월 일
DAY 087	谁都可以。 누구든 괜찮아	210	월 일
DAY 088	您需要什么？ 무엇이 필요하십니까?	212	월 일
DAY 089	我还没说完呢。 나 아직 말 안 끝났어	214	월 일
DAY 090	你爱上她了。 너 사랑에 빠졌구나	216	월 일
DAY 091	你比以前漂亮多了。 이전보다 훨씬 예뻐졌어	220	월 일
DAY 092	过奖了。 과찬이야	222	월 일
DAY 093	我记得… 제 기억엔…	224	월 일
DAY 094	怎么办？ 어쩌면 좋지?	226	월 일
DAY 095	你看着办吧。 네가 알아서 해	228	월 일
DAY 096	忙得要死。 바빠 죽겠어	230	월 일
DAY 097	我再也不跟你说话了。 다시는 너랑 말하지 않을 거야	232	월 일
DAY 098	我也希望如此。 나도 그렇게 되길 바라	234	월 일
DAY 099	我尽快到。 내가 빨리 갈게	236	월 일
DAY 100	别提多高兴了。 얼마나 기쁜지 몰라	238	월 일

DAY 001~010

DAY 001 你是学生吗？ 당신은 학생입니까?

DAY 002 你叫什么名字？ 당신의 이름은 무엇입니까?

DAY 003 我很饿。 배가 많이 고파요

DAY 004 你看什么？ 너 뭘 보니?

DAY 005 很可惜。 좀 아쉽네

DAY 006 你做什么工作？ 직업이 뭐예요?

DAY 007 我不知道。 난 몰라요

DAY 008 你喝咖啡吗？ 커피 마실래?

DAY 009 她是谁？ 그녀는 누구야?

DAY 010 这是谁啊？ 이게 누구야?

Day 001 你是学生吗?
당신은 학생입니까?

☐ MP3 듣기 ▶ ☐ 한 문장씩 듣고 말하기 ▶ ☐ 복습하기

 오늘의 회화

A 认识你很高兴。你是中国人吗?
Rènshi nǐ hěn gāoxìng. Nǐ shì Zhōngguórén ma?

B 我不是中国人。我是韩国人。
Wǒ bú shì Zhōngguórén. Wǒ shì Hánguórén.

A 你是学生吗?
Nǐ shì xuésheng ma?

B 我是学生。
Wǒ shì xuésheng.

A 만나서 반갑습니다. 당신은 중국인이에요?
B 중국인이 아니에요. 저는 한국인입니다.
A 학생이에요?
B 학생입니다.

단어

- **认识** rènshi 알다, 인식하다 · **你** nǐ 당신 · **很** hěn 정말, 아주 · **高兴** gāoxìng 기쁘다
- **是** shì ~이다 · **中国人** Zhōngguórén 중국인 · **吗** ma ~까(의문문에 쓰이는 조사)
- **我** wǒ 나, 저(1인칭) · **不** bù 부정을 나타냄(본문에서는 뒤의 성조 때문에 2성으로 변화함)
- **韩国人** Hánguórén 한국인 · **学生** xuésheng 학생

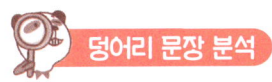 **덩어리 문장 분석**

认识你	很高兴。	你	是	中国人	吗?
당신을 만나서	반갑습니다	당신은	~입니다	중국인	~까?
我	不是	中国人。	我	是	韩国人。
저는	아닙니다	중국인	저는	~입니다	한국인
你是		学生吗?			
당신은 ~입니다		학생입니까?			
我是学生。					
저는 학생입니다					

 **핵심 어법**

◆반드시 알아야 하는 동사 是

是shì는 영어의 '~이다'라는 뜻의 am/are/is와 비슷합니다. 영어와 달리 중국어는 인칭에 관계없이 是 하나로 통일합니다. 또한, 문장 끝의 吗ma는 의문문을 만들어 주는 어기조사입니다.

긍정문 我 是 学生。 저는 학생입니다.
Wǒ shì xuésheng.

부정문 我 不是 中国人。 저는 중국인이 아닙니다.
Wǒ bú shì Zhōngguórén.

의문문 你 是 学生 吗? 당신은 학생입니까?
Nǐ shì xuésheng ma?

你叫什么名字?
당신의 이름은 무엇입니까?

□MP3 듣기 ▶ □한 문장씩 듣고 말하기 ▶ □복습하기

A 你叫什么名字?
Nǐ jiào shénme míngzi?

B 我叫秀炫。
Wǒ jiào Xiùxuàn.

A 您贵姓?
Nín guì xìng?

B 我姓金。
Wǒ xìng Jīn.

A 이름이 뭐예요?
B 저는 수현이에요.
A 성이 어떻게 되세요?
B 저는 김 씨예요.

단어

- **叫** jiào 이름이 ~이다
- **什么** shénme 무슨, 무엇
- **名字** míngzi 이름
- **秀炫** Xiùxuàn 수현(사람 이름)
- **您** nín 2인칭 대명사 你의 존칭
- **贵** guì 높다, 귀하다
- **姓** xìng 성이 ~이다
- **金** Jīn 김(성씨)

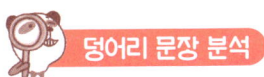

你	叫	什么名字?
당신은	~라고 부르다	무슨 이름?
我	叫	秀炫。
저는	이름이 ~입니다	수현
您	贵姓?	
당신은	(귀한) 성이 어떻게 되십니까?	
我	姓	金。
제	성은 ~입니다	김

◆이름 묻고 답하기

동사 叫jiào를 통해 상대방의 이름을 묻거나 자신의 이름을 답할 수 있습니다.

A 你叫什么名字? 이름이 뭐예요?
   Nǐ jiào shénme míngzi?

B 我叫秀炫。 저는 수현이에요.
   Wǒ jiào Xiùxuàn.

◆성씨 묻고 답하기

동사 姓xìng을 통해 상대방의 성을 묻거나 자신의 성을 답할 수 있습니다.

A 您贵姓? 성이 뭐예요?
   Nín guì xìng?

B 我姓金。 제 성은 김 씨입니다.
   Wǒ xìng Jīn.

Day 003

我很饿。
배가 많이 고파요

□MP3 듣기 ▶ □한 문장씩 듣고 말하기 ▶ □복습하기

오늘의 회화

A 我们吃什么？我很饿。
　　Wǒmen chī shénme? Wǒ hěn è.

B 我们吃面包，怎么样？
　　Wǒmen chī miànbāo, zěnmeyàng?

A 好的。我喜欢面包。
　　Hǎode. Wǒ xǐhuan miànbāo.

B 我也是。
　　Wǒ yě shì.

A 우리 뭐 먹을까요? 배가 많이 고파요.
B 우리 빵을 먹어요. 어때요?
A 좋아요. 저 빵 좋아해요.
B 저도 그래요.

단어

- **我们** wǒmen 우리
- **吃** chī 먹다
- **饿** è 배고프다
- **面包** miànbāo 빵
- **怎么样** zěnmeyàng 어떻다, 어떠하다
- **好的** hǎode 좋습니다(동의의 표현)
- **喜欢** xǐhuan 좋아하다
- **也** yě ~도, 역시나

 덩어리 문장 분석

我们	吃	什么?	我	很	饿。
우리는	먹어요	무엇을?	저는	정말	배가 고파요
我们	吃	面包,	怎么样?		
우리는	먹어요	빵을	어때요?		
好的。	我	喜欢	面包。		
좋아요	저는	좋아해요	빵을		
我也是。					
저도 그래요					

 핵심 어법

◆ **중국어 기본 문형 : 주어**(主语)**+술어**(谓语)**+목적어**(宾语)

중국어와 한국어 어순의 가장 큰 차이는 동사와 목적어의 위치가 다르다는 것입니다. 吃什么 chī shénme (무엇을 먹다), 喜欢面包 xǐhuan miànbāo (빵을 좋아하다)도 '동사+목적어' 어순의 문장입니다.

한국어 어순	주어+목적어+동사	우리는 빵을 먹어요.
중국어 어순	주어+동사+목적어	我们吃面包。 Wǒmen chī miànbāo.

Day 004 你看什么?
너 뭘 보니?

□MP3 듣기 ▶ □한 문장씩 듣고 말하기 ▶ □복습하기

 오늘의 회화

A 你看什么?
　　Nǐ kàn shénme?

B 我看汉语书。我学汉语。
　　Wǒ kàn Hànyǔ shū. Wǒ xué Hànyǔ.

A 汉语难吗?
　　Hànyǔ nán ma?

B 汉语不难。
　　Hànyǔ bù nán.

A 뭘 보니?
B 중국어 책 봐. 나 중국어 공부하거든.
A 중국어 어려워?
B 중국어 어렵지 않아.

 단어

• **看** kàn 보다　• **汉语** Hànyǔ 중국어　• **书** shū 책　• **学** xué 공부하다　• **难** nán 어렵다
• **不难** bù nán 어렵지 않다

덩어리 문장 분석

你	看	什么?			
너는	보다	뭘?			
我	看	汉语书。	我	学	汉语。
나는	봐	중국어 책	나는	공부해	중국어
汉语	难	吗?			
중국어	어려워	~까?			
汉语	不难。				
중국어	어렵지 않아				

◆ 동사 술어문과 형용사 술어문

동사와 형용사가 서술어가 되는 문장을 각각 동사 술어문, 형용사 술어문이라고 합니다.

동사 술어문　　看, 学 같은 동사가 서술어가 되는 문장

我看汉语书。 저는 중국어책을 봅니다.
Wǒ kàn Hànyǔ shū.

我学汉语。 저는 중국어를 공부합니다.
Wǒ xué Hànyǔ.

형용사 술어문　　难과 같은 형용사가 서술어가 되는 문장

汉语难吗? 중국어 어렵니?
Hànyǔ nán ma?

汉语不难。 중국어 어렵지 않아.
Hànyǔ bù nán.

很可惜。
좀 아쉽네

☐ MP3 듣기 ▶ ☐ 한 문장씩 듣고 말하기 ▶ ☐ 복습하기

A 你来不来我家?
Nǐ láibulái wǒ jiā?

B 今天很忙。不去。
Jīntiān hěn máng. Bú qù.

A 很可惜。
Hěn kěxī.

B 不好意思。
Bùhǎoyìsi.

A 너 우리 집에 올래, 안 올래?
B 오늘 좀 바빠. 못 가.
A 좀 아쉽네.
B 미안해.

단어

- **来** lái 오다　· **不来** bù lái 오지 않다　· **我家** wǒ jiā 우리 집　· **今天** jīntiān 오늘
- **很** hěn 좀, 매우　· **忙** máng 바쁘다　· **去** qù 가다　· **不去** bú qù 가지 않다
- **可惜** kěxī 안타깝다, 아쉽다　· **不好意思** bùhǎoyìsi 미안합니다, 실례합니다

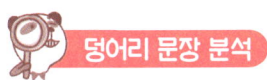

你	来不来	我家?	
너는	올래, 안 올래?	우리 집에	
今天	很	忙。	不去。
오늘은	좀	바빠	못 가
很	可惜。		
좀	아쉽네		
不好意思。			
미안해			

◆상용동사 来 와 去

来 lái와 去 qù는 움직임을 나타낼 때 자주 등장하는 동사입니다.

来 오다　　我来。 저는 옵니다.
　　　　　Wǒ lái.

　　　　　他不来。 그는 오지 않습니다.
　　　　　Tā bù lái.

去 가다　　我去。 저는 갑니다.
　　　　　Wǒ qù.

　　　　　我不去。 저는 가지 않습니다.
　　　　　Wǒ bú qù.

◆정반의문문 来不来

'오다 来 lái'와 '오지 않다 不来 bù lái'를 연결해서 '올래, 안 올래?'라는 뜻의 정반의문문을 만들 수 있습니다.

你来不来我家?　우리 집에 올래, 안 올래?
Nǐ láibulái wǒ jiā?

Day 006 你做什么工作?
직업이 뭐예요?

□MP3 듣기 ▶ □한 문장씩 듣고 말하기 ▶ □복습하기

 오늘의 회화

A 你做什么工作?
Nǐ zuò shénme gōngzuò?

B 我是补习班老师。
Wǒ shì bǔxíbān lǎoshī.

A 你教什么?
Nǐ jiāo shénme?

B 我教汉语。
Wǒ jiāo Hànyǔ.

A 당신은 무슨 일을 하나요? (직업이 뭐예요?)
B 저는 학원 선생님입니다.
A 무엇을 가르치십니까?
B 중국어를 가르칩니다.

 단어

• **做** zuò ~하다 • **工作** gōngzuò 일, 노동, 직업 • **补习班** bǔxíbān 학원
• **老师** lǎoshī 선생님 • **教** jiāo 가르치다

 덩어리 문장 분석

你	做	什么工作?	
당신은	합니다	무슨 일을?	
我	是	补习班	老师。
저는	~입니다	학원	선생님
你	教	什么?	
당신은	가르칩니다	무엇을?	
我	教	汉语。	
저는	가르칩니다	중국어를	

 핵심 어법

◆의문대사 什么

1. 什么의 일반적인 용법

'무엇'이라는 뜻으로, 하나의 대상을 가리킵니다.

你做什么? 너 뭐 하니?
Nǐ zuò shénme?

你看什么? 너 뭘 보니?
Nǐ kàn shénme?

你教什么? 너 무얼 가르치니?
Nǐ jiāo shénme?

2. 什么가 명사를 수식하는 용법

'무슨', '어떤'이라는 뜻으로, 대상의 종류, 성질 등을 가리킵니다.

你做什么工作? 넌 어떤 일을 하니?
Nǐ zuò shénme gōngzuò?

你看什么书? 넌 무슨 책을 보니?
Nǐ kàn shénme shū?

Day 007 — 我不知道.
난 몰라요

□MP3 듣기 ▶ □한 문장씩 듣고 말하기 ▶ □복습하기

 오늘의 회화

A 爸爸在哪儿?
   Bàba zài nǎr?

B 爸爸在洗手间。
   Bàba zài xǐshǒujiān.

A 我的手机在哪儿?
   Wǒ de shǒujī zài nǎr?

B 我不知道。
   Wǒ bù zhīdao.

A 아빠 어디 계시니?
B 아빠 화장실에 계세요.
A 내 핸드폰이 어디에 있지?
B 저는 몰라요.

단어

• 爸爸 bàba 아버지, 아빠   • 在 zài 있다, 존재하다   • 哪儿 nǎr 어디, 어디에
• 洗手间 xǐshǒujiān 화장실   • 的 de ~의(조사)   • 手机 shǒujī 핸드폰   • 知道 zhīdao 알다
• 家 jiā 집

 **덩어리 문장 분석**

爸爸	在	哪儿?
아빠는	있다	어디에?
爸爸	在	洗手间。
아빠는	있다	화장실에
我的手机	在	哪儿?
내 핸드폰은	있다	어디에?
我	不知道。	
나는	모른다	

 **핵심 어법**

◆ 존재를 나타내는 동사 在

在zài는 '~이 있다'라는 뜻으로, 사람이나 사물의 존재를 나타냅니다. 부정은 不在bú zài로 나타냅니다. '사람 또는 사물 + 在 + 장소'의 어순으로 씁니다.

爸爸在洗手间。 아빠는 화장실에 있어요.
Bàba zài xǐshǒujiān.

我不在家。 저는 집에 있지 않아요.
Wǒ bú zài jiā.

◆ 의문대사 哪儿

什么shénme는 '무엇', 哪儿nǎr은 '어디'라는 뜻의 의문대사입니다.

爸爸在哪儿? 아빠는 어디 있어요?
Bàba zài nǎr?

我的手机在哪儿? 제 핸드폰이 어디 있어요?
Wǒ de shǒujī zài nǎr?

你喝咖啡吗?
커피 마실래?

□ MP3 듣기 ▶ □ 한 문장씩 듣고 말하기 ▶ □ 복습하기

A 你喝咖啡吗?
Nǐ hē kāfēi ma?

B 不,谢谢。
Bù, xièxie.

A 为什么不喝呢?
Wèishénme bù hē ne?

B 我不喜欢咖啡。
Wǒ bù xǐhuan kāfēi.

A 너 커피 마실래?
B 아니, 고마워.
A 왜 안 마시는 건데?
B 나 커피 안 좋아해.

📘 단어

· 喝 hē 마시다   · 咖啡 kāfēi 커피   · 谢谢 xièxie 감사합니다, 고맙습니다
· 为什么 wèishénme 왜   · 不喝 bù hē 마시지 않다   · 呢 ne 어기조사(의문, 확인)
· 不喜欢 bù xǐhuan 좋아하지 않다

你	喝	咖啡	吗?
너는	마시다	커피	~까?(어기조사)
不,	**谢谢。**		
아니	고마워		
为什么	**不喝**	**呢?**	
왜	안 마시다	~까?(어기조사)	
我	**不喜欢**	**咖啡。**	
나는	좋아하지 않아	커피	

◆의문대사 为什么

为什么 wèishénme 는 '왜'라는 뜻의 의문대사입니다. 동사 앞에 씁니다.

为什么来? 왜 오니?
Wèishénme lái?

为什么去? 왜 가니?
Wèishénme qù?

为什么看? 왜 보니?
Wèishénme kàn?

为什么不喝呢? 왜 안 마시는 거니?
Wèishénme bù hē ne?

Day 009

她是谁?
그녀는 누구야?

□MP3 듣기 ▶ □한 문장씩 듣고 말하기 ▶ □복습하기

A 她是谁?
Tā shì shéi?

B 她是我的妹妹。
Tā shì wǒ de mèimei.

A 她很漂亮。她有没有男朋友?
Tā hěn piàoliang. Tā yǒuméiyǒu nánpéngyou?

B 她有男朋友。
Tā yǒu nánpéngyou.

A 쟤(그녀) 누구야?
B 쟤는 내 여동생이야.
A 정말 예쁘다. 쟤 남자 친구 있어, 없어?
B 남자 친구 있어.

단어

- **她** tā 그녀 　• **谁** shéi 누구 　• **妹妹** mèimei 여동생 　• **漂亮** piàoliang 예쁘다, 아름답다
- **有** yǒu (가지고) 있다, 소유하다 　• **没有** méiyǒu 없다, 가지고 있지 않다
- **男朋友** nánpéngyou 남자 친구

 덩어리 문장 분석

她	是	谁?		
그녀는	~이다	누구?		
她	是	我的妹妹。		
그녀는	~이다	나의 여동생		
她	很漂亮。	她	有没有	男朋友?
그녀는	정말 예쁘다	그녀는	있어, 없어?	남자 친구
她	有男朋友。			
그녀는	남자 친구가 있어			

 핵심 어법

◆ 인칭대사

3인칭 중에서도 남성을 나타낼 때는 '사람 인' 부수가 달린 他tā(그)를 쓰고, 여성을 나타낼 때는 '여자 여' 부수가 달린 她tā(그녀)를 씁니다.

我 wǒ 나	你 nǐ 너
我们 wǒmen 우리	你们 nǐmen 너희
他们 tāmen 그 사람들	她们 tāmen 그녀들

◆ 의문대사 谁

谁 shéi는 '누구'라는 뜻의 의문대사입니다.

她是谁? 그녀는 누구예요?
Tā shì shéi?

他们是谁? 그들은 누구예요?
Tāmen shì shéi?

Day 010 这是谁啊?
이게 누구야?

□MP3 듣기 ▶ □한 문장씩 듣고 말하기 ▶ □복습하기

 오늘의 회화

A 这是谁啊? 好久不见。
Zhè shì shéi a? Hǎojiǔbújiàn.

B 好久不见。你过得怎么样?
Hǎojiǔbújiàn. Nǐ guò de zěnmeyàng?

A 过得很好, 你呢?
Guò de hěn hǎo, nǐ ne?

B 我也很好。谢谢你。
Wǒ yě hěn hǎo. Xièxie nǐ.

A 이게 누구야? 진짜 오랜만이다.
B 오랜만이야. 잘 지냈니?
A 잘 지냈지. 너는?
B 나도 정말 좋아. 고마워.

단어

- **这** zhè 이것
- **啊** a 어기조사(감탄, 찬탄)
- **好久不见** hǎojiǔbújiàn 오랜만입니다
- **过** guò (어떤 시점, 시간을) 보내다, 지내다
- **得** de 정태보어를 만드는 조사
- **好** hǎo 좋다

덩어리 문장 분석

这是谁啊?	好久	不见。	
이게 누구야?	오랫동안	못 봤어	
好久不见。	你	过得	怎么样?
오랜만이야	너는	지내는 게	어떻니?
过得很好,	你呢?		
잘 지냈다	너는?		
我也很好。	谢谢你。		
나도 정말 좋아	고마워		

핵심 어법

◆ 지시대사 这

这 Zhè(이것), 那 nà(저것)과 같이 지시하는 대사(대명사)를 지시대사라고 합니다.

这是什么? 이건 뭐예요?
Zhè shì shénme?

这是谁啊? 이게 누구야?
Zhè shì shéi a?

那是手机。 저것은 핸드폰입니다.
Nà shì shǒujī.

◆ 동사+보어

술어 뒤에서 보충 설명을 하는 수식어가 있는데, 이것을 보어라고 합니다.

过得很好。 잘 지내다.
Guò de hěn hǎo.

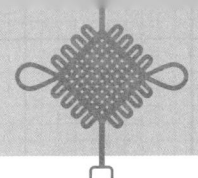

DAY

011~020

DAY 011 很好吃。 정말 맛있어요

DAY 012 你有时间吗? 시간 있니?

DAY 013 我最近学汉语。 나 요즘 중국어 공부해

DAY 014 这是谁的? 이거 누구 거예요?

DAY 015 今天看电影怎么样? 오늘 영화 보는 거 어때?

DAY 016 现在几点? 지금 몇 시예요?

DAY 017 你什么时候睡觉? 너는 언제 자?

DAY 018 这儿有酒吗? 여기 술이 있나요?

DAY 019 你明天干什么? 너 내일 뭐 할 거야?

DAY 020 你喝什么? 뭐 마실래?

Day 011

很好吃。
정말 맛있어요

☐ MP3 듣기 ▶ ☐ 한 문장씩 듣고 말하기 ▶ ☐ 복습하기

 **오늘의 회화**

A 这是什么菜?
Zhè shì shénme cài?

B 这是锅包肉,是中国菜。
Zhè shì guōbāoròu, shì Zhōngguó cài.

A 这个很好吃。
Zhège hěn hǎochī.

B 你多吃一点儿。
Nǐ duō chī yìdiǎnr.

A 이건 무슨 음식인가요?
B 꿔바로우예요. 중국 음식이죠.
A 정말 맛있어요.
B 많이 드세요.

📖 **단어**

- **菜** cài 음식, 요리   • **锅包肉** guōbāoròu 꿔바로우, 찹쌀 탕수육   • **好吃** hǎochī 맛있다
- **中国** Zhōngguó 중국   • **这个** zhège 이, 이것   • **多** duō 많이(부사), 많다(형용사)
- **吃** chī 먹다   • **一点儿** yìdiǎnr 좀, 조금

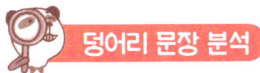 덩어리 문장 분석

这	是	什么菜?		
이것은	~입니다	무슨 음식?		
这	是	锅包肉,	是	中国菜。
이것은	~입니다	꿔바로우	~입니다	중국 음식
这个	很好吃。			
이것은	정말 맛있어요			
你	多吃一点儿。			
당신은	많이 드세요			

 핵심 어법

◆多吃一点儿 많이 드세요

'많다'라는 뜻의 **多** duō를 동사 **吃** chī 앞에 쓰면 '많이 드세요'라는 뜻이 됩니다. 불확정적인 수량을 나타내는 **一点儿** yìdiǎnr(좀, 조금)을 동사 뒤에 붙이면 어감이 부드러워집니다. 많이 사용하는 표현이니 꼭 기억해 두세요.

◆好吃 맛있어요

好 hǎo(좋다)와 **吃** chī(먹다), 이 두 글자로 이루어진 **好吃** hǎochī는 이 자체가 하나의 단어라고 생각하시면 됩니다. 여기에 정도를 나타내는 부사 **很** hěn을 붙여서 **很好吃** hěn hǎochī(매우 맛있어요)라고 표현할 수 있습니다.

你有时间吗?

시간 있니?

□MP3 듣기 ▶ □한 문장씩 듣고 말하기 ▶ □복습하기

A 你有时间吗? 可以帮我吗?
Nǐ yǒu shíjiān ma? Kěyǐ bāng wǒ ma?

B 我没有时间。不好意思。
Wǒ méiyǒu shíjiān. Bùhǎoyìsi.

A 没关系。你忙吧。
Méi guānxi. Nǐ máng ba.

B 我以后一定帮你。
Wǒ yǐhòu yídìng bāng nǐ.

A 너 시간 있니? 나 좀 도와줄 수 있어?
B 나 시간이 없어. 미안해.
A 괜찮아. 너 바쁜 일 봐.
B 내가 이후엔 반드시 도와줄게.

단어

- **时间** shíjiān 시간
- **可以** kěyǐ ~할 수 있다, ~해도 된다
- **帮** bāng 돕다
- **没** méi ~ 없다, ~ 않다
- **关系** guānxi 관계
- **忙** máng 바쁜 일을 보다, 바쁘다
- **吧** ba 조사(청유, 권유)
- **以后** yǐhòu 이후에
- **一定** yídìng 반드시

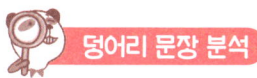 덩어리 문장 분석

你	有时间吗?	可以	帮我吗?
너는	시간 있니?	~할 수 있다	나를 도와줄래?
我	没有	时间。	不好意思。
나는	~이 없다	시간	미안해
没关系。	你忙吧。		
괜찮아	너 바쁜 일 봐		
我	以后	一定	帮你。
나는	이후에	반드시	너를 도와줄게

 핵심 어법

◆소유동사 有

有 yǒu는 '~을 가지고 있다'라는 뜻으로, 소유를 나타냅니다. 有 문장을 부정문으로 만들 때는 앞에 不가 아니라 没를 붙입니다.

긍정문　你有时间吗?　당신은 시간이 있나요?
　　　　Nǐ yǒu shíjiān ma?

　　　　我有时间。　저는 시간이 있어요.
　　　　Wǒ yǒu shíjiān.

부정문　我没有时间。　저는 시간이 없어요. (= 我没时间。)
　　　　Wǒ méiyǒu shíjiān.

Day 013

我最近学汉语。
나 요즘 중국어 공부해

□MP3 듣기 ▶□한 문장씩 듣고 말하기 ▶□복습하기

 오늘의 회화

A 你为什么那么忙?
Nǐ wèishénme nàme máng?

B 我最近学汉语。
Wǒ zuìjìn xué Hànyǔ.

A 在哪儿学汉语?
Zài nǎr xué Hànyǔ?

B 我在补习班学汉语。
Wǒ zài bǔxíbān xué Hànyǔ.

A 왜 그렇게 바빠?
B 나 요즘 중국어 공부해.
A 어디서 중국어 공부하는데?
B 학원에서 중국어 공부해.

📄 단어

• **那么** nàme 그렇게 • **最近** zuìjìn 요즘, 근래 • **在** zài ~에(개사)
• **补习班** bǔxíbān 학원, 교습소

你	为什么	那么忙?
너는	왜	그렇게 바빠?
我	最近	学汉语。
나는	요즘	중국어를 공부해
在哪儿	学汉语?	
어디서	중국어를 공부해?	
我在补习班	学汉语。	
나는 학원에서	중국어를 공부해	

◆개사 在

在zài는 개사로 쓰이면 장소를 나타내고, 동사로 쓰이면 존재를 나타냅니다. 개사 在 뒤에는 동사가 오고, 동사 在는 그 자체가 동사이므로 다른 동사가 오지 않습니다.(개사는 흔히 '전치사'라고 불리는 용어입니다. 혼자서는 존재하지 못하고 다른 명사와 호응합니다.)

我在补习班学汉语。 저는 학원에서 중국어 공부를 합니다.
Wǒ zài bǔxíbān xué Hànyǔ.

◆동사 在

在는 '있다'라는 뜻의 존재 동사로도 쓰입니다. 在가 개사로 쓰였는지 동사로 쓰였는지는 문맥 속에서 파악해야 합니다.

我在补习班。 저는 학원에 있습니다.
Wǒ zài bǔxíbān.

Day 014

这是谁的?
이거 누구 거예요?

□ MP3 듣기 ▶ □ 한 문장씩 듣고 말하기 ▶ □ 복습하기

오늘의 회화

A 这个笔是谁的?
Zhège bǐ shì shéi de?

B 那是我的。
Nà shì wǒ de.

A 我可以用吗?
Wǒ kěyǐ yòng ma?

B 可以，用完以后放这里吧。
Kěyǐ, yòng wán yǐhòu fàng zhèlǐ ba.

A 이 펜은 누구 거예요?
B 그거 제 거예요.
A 제가 사용해도 될까요?
B 돼요. 다 사용한 후에 여기에 놓아 주세요.

단어

- **笔** bǐ 펜, 필기구
- **谁** shéi 누구
- **用** yòng 사용하다
- **完** wán 완료하다, 끝내다
- **放** fàng 놓다, 두다
- **这里** zhèlǐ 여기

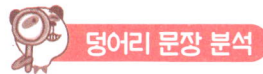 덩어리 문장 분석

这个笔	是谁的？	
이 펜은	누구 거예요?	
那	是	我的。
그것은	~이다	나의 것
我	可以用吗？	
제가	사용할 수 있나요?	
可以,	用完以后	放这里吧。
돼요	다 사용한 이후에	여기에 놓으세요

 핵심 어법

◆ 한정어 的

한정어는 명사를 수식하는 역할을 합니다. 한정어 的de은 '~의'라는 뜻입니다.

我的笔　나의 펜
wǒ de bǐ

我的书　나의 책
wǒ de shū

我的手机　나의 휴대폰
wǒ de shǒujī

◆ 조동사 可以

可以 kěyǐ는 '할 수 있다'라는 뜻의 조동사입니다.

我可以用。 나는 사용할 수 있어.
Wǒ kěyǐ yòng.

我可以用吗？ 내가 사용해도 되니?
Wǒ kěyǐ yòng ma?

你可以用。 네가 사용해도 돼.
Nǐ kěyǐ yòng.

Day 015

今天看电影怎么样?
오늘 영화 보는 거 어때?

□MP3 듣기 ▶ □한 문장씩 듣고 말하기 ▶ □복습하기

A 今天看电影怎么样?
Jīntiān kàn diànyǐng zěnmeyàng?

B 我们看哪个电影?
Wǒmen kàn nǎge diànyǐng?

A 看这个怎么样?
Kàn zhège zěnmeyàng?

B 好的，看这个吧。
Hǎode, kàn zhège ba.

A 오늘 영화 보는 거 어때?
B 우리 어떤 영화를 보지?
A 이거 보는 게 어떨까?
B 좋아, 이걸 보자.

 단어

· **电影** diànyǐng 영화 · **哪个** nǎge 어느, 어떤 · **好的** hǎode 좋아

 덩어리 문장 분석

今天	看电影	怎么样?
오늘	영화를 보다	어때?
我们	看哪个电影?	
우리는	어떤 영화를 보지?	
看这个怎么样?		
이거 보는 게 어떨까?		
好的,	看这个吧。	
좋아	이것을 보자	

 핵심 어법

◆ 의문대사 哪个

哪个 nǎge는 '어느', '어떤'이라는 뜻의 의문대사로, 몇 가지 사항 중에서 선택을 물어보는 경우 자주 쓰입니다. '무슨'이라는 뜻의 什么 shénme와는 차이가 있습니다.

我们看哪个电影? 우리 (이 중에서) 어떤 영화 보지?
Wǒmen kàn nǎge diànyǐng?

我们看什么电影? 우리 무슨 영화 보지?
Wǒmen kàn shénme diànyǐng?

◆ 의문대사 怎么样

怎么样 zěnmeyàng은 '어떻다', '어떠하다'라는 뜻의 의문대사입니다.

看这个怎么样? 이걸 보는 게 어때요?
Kàn zhège zěnmeyàng?

不怎么样。 별로예요.
Bù zěnmeyàng.

现在几点?

지금 몇 시예요?

☐MP3 듣기 ▶ ☐한 문장씩 듣고 말하기 ▶ ☐복습하기

A 现在几点?
Xiànzài jǐ diǎn?

B 现在5点。电影几点开始?
Xiànzài wǔ diǎn. Diànyǐng jǐ diǎn kāishǐ?

A 五点半开始。我们快点儿走吧。
Wǔ diǎn bàn kāishǐ. Wǒmen kuài diǎnr zǒu ba.

B 好的,抓紧时间。
Hǎode, zhuājǐn shíjiān.

A 지금 몇 시예요?
B 지금 5시예요. 영화가 몇 시에 시작하죠?
A 5시 반에 시작해요. 우리 빨리 갑시다.
B 좋아요, 시간을 아껴요.

단어

- **现在** xiànzài 지금 · **几** jǐ 몇 · **点** diǎn 시(시간) · **五** wǔ 다섯(5) · **开始** kāishǐ 시작하다
- **五点半** wǔ diǎn bàn 다섯 시 반 · **快点儿** kuài diǎnr 빨리 · **走** zǒu 걷다, 가다
- **抓紧** zhuājǐn 꽉 잡다, 다그치다

现在	几点?
지금은	몇 시예요?
现在5点。	电影	几点	开始?
지금은 5시예요	영화는	몇 시에	시작하죠?
五点半开始。	我们	快点儿走吧。	
5시 반에 시작해요	우리	빨리 갑시다	
好的,	抓紧时间。		
좋아요	시간을 아껴요		

◆시간 표현 点 와 分

点 diǎn은 '시'를, 分 fēn은 '분'을 나타냅니다.

五点 5시
wǔ diǎn

五点半 5시 반　=　五点三十分 5시 30분
wǔ diǎn bàn　　　　　wǔ diǎn sānshí fēn

◆수를 대신하는 의문대사 几

수(비교적 적은 수)를 물어볼 때 의문대사 几 jǐ를 사용할 수 있습니다.

现在几点?　지금 몇 시인가요?
Xiànzài jǐ diǎn?

有几个?　몇 개 있어요?
Yǒu jǐ ge?

Day 017 你什么时候睡觉?
너는 언제 자?

□MP3 듣기 ▶ □한 문장씩 듣고 말하기 ▶ □복습하기

A 你什么时候睡觉?
　 Nǐ shénmeshíhou shuìjiào?

B 我晚上12点睡觉。
　 Wǒ wǎnshang shí èr diǎn shuìjiào.

A 那么什么时候起床呢?
　 Nàme shénmeshíhou qǐchuáng ne?

B 早上7点起床。
　 Zǎoshang qī diǎn qǐchuáng.

A 너는 언제 자?
B 나는 밤 12시에 자.
A 그러면 언제 일어나?
B 아침 7시에 일어나.

 단어

· **什么时候** shénmeshíhou 언제　· **睡觉** shuìjiào 잠을 자다　· **晚上** wǎnshang 저녁, 밤
· **起床** qǐchuáng 일어나다　· **早上** zǎoshang 아침　· **说** shuō 말하다　· **少** shǎo 적다

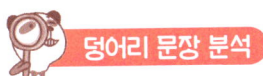 덩어리 문장 분석

你	什么时候	睡觉?
너는	언제	자?
我	晚上12点	睡觉。
나는	밤 12시에	자
那么	什么时候	起床呢?
그러면	언제	일어나?
早上7点	起床。	
아침 7시에	일어나	

 핵심 어법

◆의문대사 什么时候

什么时候 shénmeshíhou 는 '언제'라는 뜻의 의문대사로, 시간을 물어볼 때 씁니다.

你**什么时候**睡觉?　너는 언제 자?
Nǐ shénmeshíhou shuìjiào?

你**什么时候**起床?　너는 언제 일어나?
Nǐ shénmeshíhou qǐchuáng?

◆지시대사 那么 과 这么

那么 nàme 는 '그런', '그러한', 这么 zhème 는 '이런', '이러한'이라는 뜻의 지시대사입니다. 문장 앞 또는 동사와 형용사 앞에서 방식이나 정도를 나타내는 데 많이 쓰입니다.

这么说。 이렇게 말하다.　　　　**这么**去。 이렇게 가다.
Zhème shuō.　　　　　　　　　Zhème qù.

这么少。 이렇게나 적다.　　　　**那么**多。 그렇게나 많다.
Zhème shǎo.　　　　　　　　　Nàme duō.

Day 018 这儿有酒吗?
여기 술이 있나요?

□MP3 듣기 ▶ □한 문장씩 듣고 말하기 ▶ □복습하기

 오늘의 회화

A 这儿有烧酒吗?
Zhèr yǒu shāojiǔ ma?

B 这儿没有烧酒。
Zhèr méiyǒu shāojiǔ.

A 那么有什么酒?
Nàme yǒu shénme jiǔ?

B 我们只有啤酒。
Wǒmen zhǐyǒu píjiǔ.

A 여기 소주 있나요?
B 여기는 소주가 없어요.
A 그러면 어떤 술이 있나요?
B 맥주만 있어요.

단어

· 这儿 zhèr 여기, 이곳   · 烧酒 shāojiǔ 소주   · 酒 jiǔ 술   · 只 zhǐ 오직 ~만
· 啤酒 píjiǔ 맥주

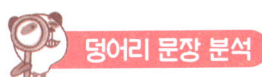 덩어리 문장 분석

这儿	有烧酒吗?	
여기는	소주가 있나요?	
这儿	没有烧酒。	
여기는	소주가 없어요	
那么	有	什么酒?
그러면	있어요	어떤 술이?
我们	只有	啤酒。
우리는	~만 있어요	맥주

 핵심 어법

◆ 장소 표현 这儿 과 那儿

这儿 zhèr는 '여기', 那儿 nàr는 '거기'라는 뜻입니다.

这儿有烧酒吗? 여기에 소주 있나요?
Zhèr yǒu shāojiǔ ma?

这儿没有烧酒。 여기에 소주 없어요.
Zhèr méiyǒu shāojiǔ.

他在那儿。 그는 거기에 있습니다.
Tā zài nàr.

◆ 부사 只

只 zhǐ는 '오직 ~만'이라는 뜻의 부사입니다. 중국어의 부사는 동사의 앞에 위치합니다.

我们只有啤酒。 저희는 맥주만 있습니다.
Wǒmen zhǐyǒu píjiǔ.

他只说汉语。 그는 중국어만 말한다.
Tā zhǐ shuō Hànyǔ.

Day 019 你明天干什么?
너 내일 뭐 할 거야?

□MP3 듣기 ▶ □한 문장씩 듣고 말하기 ▶ □복습하기

 오늘의 회화

A 你明天干什么?
　Nǐ míngtiān gàn shénme?

B 明天我没有事儿。
　Míngtiān wǒ méiyǒu shìr.

A 那你可以跟我一起玩儿吗?
　Nà nǐ kěyǐ gēn wǒ yìqǐ wánr ma?

B 好哇，明天见。
　Hǎo wa, míngtiān jiàn.

A 너 내일 뭐 할 거야?
B 내일 난 아무 일이 없어.
A 그러면 나랑 같이 놀 수 있어?
B 좋아, 내일 만나자.

단어

- 明天 míngtiān 내일 · 干 gàn ~하다 · 事儿 shìr 일 · 那 nà 그러면, 그렇다면(접속사)
- 跟 gēn ~와(개사) · 一起 yìqǐ 함께 · 玩儿 wánr 놀다 · 哇 wa 어기조사(啊의 변형)
- 见 jiàn 만나다, 보다, 보이다

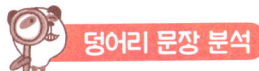

你	明天	干什么?		
너는	내일	뭐 할 거야?		
明天	**我**	**没有事儿。**		
내일	나는	아무 일이 없어		
那	你	可以	跟我一起	玩儿吗?
그러면	너는	~할 수 있다	나랑 같이	놀래?
好哇,	**明天见。**			
좋아	내일 만나자			

◆시간사의 위치

'어제', '오늘', '오전', '오후', '2시', '8시' 같은 시간사는 주어의 앞이나 뒤에 올 수 있습니다.

你明天干什么? 너 내일 뭐 해?　＝　明天你干什么?
Nǐ míngtiān gàn shénme?　　　　　　Míngtiān nǐ gàn shénme?

明天我没有事儿。 난 내일 아무 일도 없어.
Míngtiān wǒ méiyǒu shìr.

◆개사 跟

개사 跟 gēn은 '~와'라는 뜻으로, 주어와 함께하는 대상을 끌어내는 역할을 합니다. 부정문을 만들 때는 조동사 앞에 부정부사 不 bù를 붙이고, 조동사가 없는 경우에는 개사 앞에 부정부사 不를 붙입니다.

你可以跟我一起玩儿吗? 너 나와 함께 놀 수 있니?
Nǐ kěyǐ gēn wǒ yìqǐ wánr ma?

我不能跟你玩儿。 난 너랑 놀 수 없어. (我能不跟你玩儿。X)
Wǒ bù néng gēn nǐ wánr.

我不跟你吵架了。 나 너랑 말다툼하지 않을래.
Wǒ bù gēn nǐ chǎojià le.

Day 020

你喝什么?
뭐 마실래?

□MP3 듣기 ▶ □한 문장씩 듣고 말하기 ▶ □복습하기

A 我们去咖啡厅吧。
Wǒmen qù kāfēitīng ba.

B 你喝什么?
Nǐ hē shénme?

A 我要咖啡,你呢?
Wǒ yào kāfēi, nǐ ne?

B 我要喝奶茶。
Wǒ yào hē nǎichá.

A 우리 카페에 가자.
B 뭐 마실래?
A 나는 커피를 원해, 넌?
B 난 밀크티를 마실래.

단어

· 咖啡厅 kāfēitīng 카페   · 喝 hē 마시다   · 要 yào 원하다, ~할 것이다   · 奶茶 nǎichá 밀크티

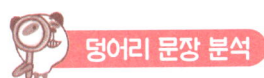 덩어리 문장 분석

我们	去	咖啡厅	吧。
우리는	간다	카페	~하자(권유)
你	喝	什么?	
너는	마시다	무엇을?	
我	要	咖啡,	你呢?
나는	원하다	커피를	너는?
我	要	喝奶茶。	
나는	~할 거야	밀크티를 마시다	

 핵심 어법

◆ 어기조사 吧

어기조사 吧ba는 문장 끝에 쓰여서 청유, 제안, 명령, 추측 등을 나타냅니다.

我们去**咖啡厅**吧。 우리 카페에 가자.
Wǒmen qù kāfēitīng ba.

c.f. 我们去咖啡厅。 우리는 카페에 갑니다.
　　Wǒmen qù kāfēitīng.

◆ 일반동사와 조동사를 넘나드는 要

要yào는 일반동사로도 쓰이고 조동사로도 쓰입니다.

일반동사 要	원하다 (뒤에 명사가 옴)
	我要咖啡。 저는 커피를 원해요.
	Wǒ yào kāfēi.
조동사 要	~할 것이다, ~해야 한다 (뒤에 동사가 옴)
	我要喝奶茶。 저는 밀크티를 마실 거예요.
	Wǒ yào hē nǎichá.

DAY 021~030

DAY 021 小心一点儿。 조심해

DAY 022 你能喝几瓶烧酒？ 너 소주 몇 병 마실 수 있어?

DAY 023 你喜欢中国歌吗？ 중국 노래 좋아해?

DAY 024 你吃饭了吗？ 너 밥 먹었어?

DAY 025 我想去中国。 중국에 가고 싶어

DAY 026 我可以用一下你的手机吗？ 네 핸드폰 좀 사용해도 될까?

DAY 027 你什么时候回去？ 너 언제 돌아가?

DAY 028 你去哪儿？ 너 어디 가?

DAY 029 当然知道。 당연히 알지

DAY 030 你们要什么？ 무엇을 원하십니까?

Day 021

小心一点儿。
조심해.

□MP3 듣기 ▶ □한 문장씩 듣고 말하기 ▶ □복습하기

A 这杯咖啡很烫，小心一点儿。
Zhè bēi kāfēi hěn tàng, xiǎoxīn yìdiǎnr.

B 好的，谢谢你。
Hǎode, xièxie nǐ.

A 不客气。要加糖吗？
Bú kèqi. Yào jiā táng ma?

B 不要。我不喜欢甜的。
Bú yào. Wǒ bù xǐhuan tiánde.

A 이 커피는 매우 뜨거워. 조심해.
B 알았어. 고마워.
A 고맙긴. 설탕 넣을 거니?
B 아니. 난 단것을 좋아하지 않아.

단어

- **杯** bēi 잔(컵에 담긴 마실 것을 세는 양사)   • **很** hěn 정말, 매우   • **烫** tàng 뜨겁다
- **小心** xiǎoxīn 조심하다   • **一点儿** yìdiǎnr 조금   • **不客气** bú kèqi 천만에요, 별 말씀을요
- **加** jiā 더하다, 보태다, 추가하다   • **糖** táng 설탕   • **甜** tián 달다   • **甜的** tiánde 단것

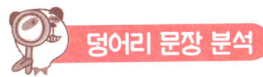

这	杯	咖啡	很烫,	小心	一点儿。
이	잔(양사)	커피	매우 뜨거워	조심해	좀
好的,	**谢谢你。**				
알았어	고마워				
不客气。	**要**	**加糖**	**吗?**		
고맙긴	원하다	설탕을 추가하다	~까?(의문)		
不要。	**我**	**不喜欢**	**甜的。**		
아니	나는	좋아하지 않아	단것		

◆양사 杯

'한 마리, 두 마리' 또는 '한 잔, 두 잔'과 같이 명사의 수를 세는 글자를 '양사'라고 합니다.

杯 bēi 컵에 담긴 마실 것을 셀 때	这杯咖啡 이 커피 한 잔 zhè bēi kāfēi	
个 gè 사람, 사물을 셀 때	这个人 이 사람 zhège rén	两个东西 물건 두 개 liǎng ge dōngxi
件 jiàn 옷, 짐을 셀 때	这件衣服 이 옷 한 벌 zhè jiàn yīfu	三件行李 캐리어 세 개 sān jiàn xíngli
本 běn 책을 셀 때	一本书 책 한 권 yì běn shū	

◆谢谢你 와 不客气

谢谢你 Xièxie nǐ (고맙습니다)에 "별 말씀을요", "천만에요"라고 대답할 때는 不客气 Bú kèqi라고 합니다. 对不起 Duìbuqǐ (죄송합니다)라는 상대방의 사과에 "괜찮습니다"라고 대답할 때는 没关系 Méi guānxi라고 합니다.

Day 022
你能喝几瓶烧酒?
너 소주 몇 병 마실 수 있어?

☐ MP3 듣기 ▶ ☐ 한 문장씩 듣고 말하기 ▶ ☐ 복습하기

 오늘의 회화

A 今天我们不醉不归！
Jīntiān wǒmen bú zuì bù guī!

B 好！星期六嘛！
Hǎo! Xīngqī liù ma!

A 你能喝几瓶烧酒?
Nǐ néng hē jǐ píng shāojiǔ?

B 我能喝两瓶烧酒。
Wǒ néng hē liǎng píng shāojiǔ.

A 오늘 우린 취하지 않고는 못 돌아가!
B 좋아! 토요일이잖아!
A 넌 소주 몇 병 마실 수 있어?
B 난 소주 두 병 마실 수 있어.

단어

- **醉** zuì 취하다
- **归** guī 돌아가다, 돌아오다
- **星期六** xīngqī liù 토요일
- **嘛** ma ~잖아(어기조사)
- **能** néng ~할 수 있다, ~할 여건이 되다
- **瓶** píng 병(양사)
- **两** liǎng 둘

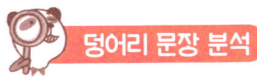

今天	我们	不醉	不归!
오늘	우리는	취하지 않으면	돌아가지 않아
好!	星期六	嘛!	
좋아	토요일	~잖아(뚜렷한 사실 강조)	
你	能喝	几瓶	烧酒?
너는	마실 수 있다	몇 병의	소주를?
我能喝	两瓶烧酒。		
나는 마실 수 있다	소주 두 병을		

◆ 가능을 나타내는 조동사 能

能néng은 '~할 수 있다', '~할 여건이 되다'라는 뜻을 나타냅니다.

你能喝几瓶烧酒? 너는 소주 몇 병을 마실 수 있어?
Nǐ néng hē jǐ píng shāojiǔ?

我能喝两瓶烧酒。 저는 소주 두 병을 마실 수 있어요.
Wǒ néng hē liǎng píng shāojiǔ.

◆ 양을 셀 때는 二이 아니라 两

1부터 10까지 중에서 二은 헷갈리기 쉬운 숫자입니다. '양'의 개념을 나타낼 때는 二èr이 아니라 两liǎng을 써야 히고, '수'의 개념일 때만 二을 씁니다.

一yī 일(1)	二èr 이(2)	三sān 삼(3)	四sì 사(4)
五wǔ 오(5)	六liù 육(6)	七qī 칠(7)	八bā 팔(8)
九jiǔ 구(9)	十shí 십(10)		

一个 한 개
yí ge

两个 두 개
liǎng ge

三个 세 개
sān ge

二月二号 2월 2일
èr yuè èr hào

二月两号 (X)

Day 023 你喜欢中国歌吗?
중국 노래 좋아해?

□MP3 듣기 ▶ □한 문장씩 듣고 말하기 ▶ □복습하기

A 你喜欢中国歌吗?
Nǐ xǐhuan Zhōngguó gē ma?

B 喜欢，我常常听中国歌。
Xǐhuan, wǒ chángcháng tīng Zhōngguó gē.

A 你喜欢唱歌吗?
Nǐ xǐhuan chàng gē ma?

B 我不喜欢唱歌。
Wǒ bù xǐhuan chàng gē.

A 중국 노래 좋아해?
B 좋아해. 난 중국 노래를 자주 들어.
A 넌 노래 부르는 거 좋아하니?
B 노래 부르는 거 안 좋아해.

 단어

• **歌** gē 노래 • **常常** chángcháng 늘, 항상, 자주 • **听** tīng 듣다 • **唱歌** chàng gē 노래하다

你	喜欢	中国歌吗?	
너는	좋아하다	중국 노래를?	
喜欢,	我	常常听	中国歌。
좋아해	나는	자주 들어	중국 노래
你	喜欢	唱歌吗?	
너는	좋아하다	노래 부르기를?	
我	不喜欢	唱歌。	
나는	좋아하지 않아	노래를 부르다	

◆상황어

상황어는 동사나 형용사의 앞에서 이들을 수식하거나 또는 절 전체의 앞에서 절 전체를 수식하는 문장의 구성 성분입니다.

我常常听中国歌。 저는 자주 중국 노래를 들어요.
Wǒ chángcháng tīng Zhōngguó gē.

你能跟我玩儿吗? 너 나랑 놀 수 있어?
Nǐ néng gēn wǒ wánr ma?

明天你来我家吗? 내일 너 우리 집에 오니?
Míngtiān nǐ lái wǒ jiā ma?

Day 024

你吃饭了吗?
너 밥 먹었어?

□MP3 듣기 ▶ □한 문장씩 듣고 말하기 ▶ □복습하기

오늘의 회화

A 你吃饭了吗?
Nǐ chī fàn le ma?

B 还没吃,你呢?
Hái méi chī, nǐ ne?

A 我已经吃了。你怎么还没吃呢?
Wǒ yǐjīng chī le. Nǐ zěnme hái méi chī ne?

B 我现在就去吃,饿死了。
Wǒ xiànzài jiù qù chī, è sǐ le.

A 너 밥 먹었어?
B 아직 안 먹었어. 너는?
A 이미 먹었어. 넌 어째서 아직도 안 먹었어?
B 지금 바로 먹으러 갈 거야. 배고파 죽겠어.

 단어

• 吃 chī 먹다   • 饭 fàn 밥   • 还 hái 아직   • 已经 yǐjīng 이미   • 怎么 zěnme 어째서, 어찌
• 就 jiù 바로   • 饿 è 배고프다   • 死 sǐ 죽다

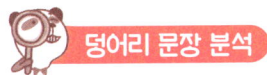

你	吃饭了吗?		
너는	밥 먹었어?		
还	没吃,	你呢?	
아직	안 먹었어	너는?	
我已经	吃了。	你怎么	还没吃呢?
나는 이미	먹었어	너는 어째서	아직 안 먹었어?
我现在	就去吃,	饿死了。	
나는 지금	바로 먹으러 갈 거야	배고파 죽겠어	

◆동태조사 了

동작의 완료를 나타내는 동태조사 了 le는 어떤 동작이 이미 벌어졌음을 나타냅니다.

你吃饭吗? 너 밥 머니?
Nǐ chī fàn ma?

→ 你吃饭了吗? 너 밥 먹었니?
Nǐ chī fàn le ma?

我已经吃了。 전 이미 먹었어요.
Wǒ yǐjīng chī le.

동태조사 了가 쓰인 문장을 부정문으로 만들 때는 동사 앞에 没 méi를 쓰고 了는 생략합니다. 과거에 이런 동작이 이루어진 사실이 없음을 나타냅니다.

我没吃饭。 저는 밥을 먹지 않았어요.
Wǒ méi chī fàn.

你怎么还没吃呢? 너는 어째서 아직 안 먹었니?
Nǐ zěnme hái méi chī ne?

我想去中国。
중국에 가고 싶어

□MP3 듣기 ▶ □한 문장씩 듣고 말하기 ▶ □복습하기

A 你去过外国吗?
Nǐ qù guo wàiguó ma?

B 我没去过外国，不过很想去。
Wǒ méi qù guo wàiguó, búguò hěn xiǎng qù.

A 你想去哪个国家?
Nǐ xiǎng qù nǎge guójiā?

B 我想去中国。
Wǒ xiǎng qù Zhōngguó.

A 너 외국에 가 본 적 있어?
B 외국에 가 본 적 없어. 근데 진짜 가고 싶어.
A 어느 나라에 가고 싶은데?
B 중국에 가고 싶어.

 단어

• **过** guo ~한 적이 있다(동태조사) • **外国** wàiguó 외국, 해외 • **不过** búguò 그렇지만, 하지만
• **想** xiǎng ~하고 싶다 • **哪个** nǎge 어느, 어떤 • **国家** guójiā 국가

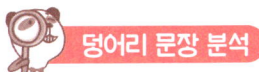 **덩어리 문장 분석**

你	去过	外国吗?		
너는	가 본 적이 있어	외국에?		
我	没去过	外国,	不过	很想去。
나는	가 본 적이 없어	외국에	하지만	매우 가고 싶어
你	想去	哪个国家?		
너는	가고 싶어	어느 나라에?		
我	想去中国。			
나는	중국에 가고 싶어			

 **핵심 어법**

◆ 동태조사 过

동태조사 过 guo는 '~한 적이 있다'라는 경험을 나타냅니다. 过의 성조가 경성임을 주의하세요.

你去过外国吗? 너 외국에 가 본 적 있니?
Nǐ qù guo wàiguó ma?

我去过外国。 난 외국에 가 봤어.
Wǒ qù guo wàiguó.

我没去过外国。 난 외국에 가 본 적이 없어.
Wǒ méi qù guo wàiguó.

◆ 조동사 想

조동사 想 xiǎng은 '~하고 싶다'라는 뜻입니다.

你想去哪个国家? 너는 어느 나라에 가고 싶니?
Nǐ xiǎng qù nǎge guójiā?

我想去中国。 저는 중국에 가고 싶어요.
Wǒ xiǎng qù Zhōngguó.

Day 026
我可以用一下你的手机吗?
네 핸드폰 좀 사용해도 될까?

□MP3 듣기 ▶ □한 문장씩 듣고 말하기 ▶ □복습하기

 오늘의 회화

A 我可以用一下你的手机吗?
Wǒ kěyǐ yòng yíxià nǐ de shǒujī ma?

B 可以,我的手机在桌子上边儿。
Kěyǐ, wǒ de shǒujī zài zhuōzi shàngbianr.

A 你说哪个桌子呢?
Nǐ shuō nǎge zhuōzi ne?

B 你后边儿的桌子。
Nǐ hòubianr de zhuōzi.

A 네 핸드폰 좀 사용해도 될까?
B 되지, 내 핸드폰은 책상 위에 있어.
A 어느 책상을 말하는 거야?
B 네 뒤에 있는 책상.

단어

- **用** yòng 이용하다, 사용하다 ・**一下** yíxià 시험삼아 해 보다, 좀 ~하다 ・**手机** shǒujī 핸드폰
- **在** zài ~에 있다 ・**桌子** zhuōzi 책상 ・**上边儿** shàngbianr 위, 위쪽 ・**说** shuō 말하다
- **后边儿** hòubianr 뒤, 뒤쪽

我	可以用一下	你的手机吗?
내가	좀 사용해 볼 수 있다	너의 핸드폰을?
可以,	我的手机	在桌子上边儿。
가능해	나의 핸드폰은	책상 위에 있어
你说	哪个桌子呢?	
네가 말하다	어느 책상 말이야?	
你后边儿的桌子。		
네 뒤에 있는 책상		

◆ 방위사 上边儿

这儿 zhèr(여기), 那儿 nàr(저기), 前边儿 qiánbianr(앞쪽), 首尔 Shǒu'ěr(서울) 같은 단어들은 그 자체만으로 장소를 나타낼 수 있습니다. 하지만 桌子 zhuōzi(책상) 같은 단어는 장소를 나타내기 위해서는 뒤에 방위사를 더해 줘야 합니다. 上边儿 shàngbianr은 '위쪽'이라는 뜻의 방위사입니다.

上边儿 shàngbianr 위	下边儿 xiàbianr 아래
前边儿 qiánbianr 앞	后边儿 hòubianr 뒤
旁边儿 pángbiānr 옆	这儿 zhèr 여기
那儿 nàr 저기	

我的手机在桌子上边儿。 내 핸드폰은 책상 위에 있습니다.
Wǒ de shǒujī zài zhuōzi shàngbianr.

我的手机在你那儿。 내 핸드폰은 네 쪽에 있어.
Wǒ de shǒujī zài nǐ nàr.

Day 027 你什么时候回去?
너 언제 돌아가?

☐ MP3 듣기 ▶ ☐ 한 문장씩 듣고 말하기 ▶ ☐ 복습하기

A 你什么时候回去?
Nǐ shénme shíhou huíqu?

B 我明年回去。
Wǒ míngnián huíqu.

A 还要过一年啊。想爸爸妈妈吗?
Hái yào guò yì nián a. Xiǎng bàba māma ma?

B 当然想。
Dāngrán xiǎng.

A 너 언제 돌아가?
B 내년에 돌아가.
A 아직 1년을 더 보내야 하네. 아빠 엄마 보고 싶니?
B 당연히 보고 싶지.

단어

- **回去** huíqu 돌아가다
- **明年** míngnián 내년
- **还** hái 아직, ~ 더
- **要** yào ~해야 한다
- **过** guò 지내다, 보내다
- **一年** yì nián 1년
- **想** xiǎng 보고 싶다
- **爸爸** bàba 아빠
- **妈妈** māma 엄마
- **当然** dāngrán 당연히

你	什么时候	回去?		
너는	언제	돌아가?		
我	明年	回去。		
나는	내년에	돌아가		
还	要	过一年啊。	想	爸爸妈妈吗?
아직	해야 한다	1년을 보내다	보고 싶다	아빠 엄마?
当然想。				
당연히 보고 싶지				

◆ 방향보어 来 와 去

동사 来lái나 去qù를 다른 동사 뒤에 붙여서 동작의 방향을 나타낼 수 있습니다.

| 回去 huíqu 돌아가다 | 回来 huílai 돌아오다 |
| 走去 zǒuqu 걸어가다 | 跑来 pǎolai 뛰어오다 |

你什么时候回去? 넌 언제 돌아가니?
Nǐ shénmeshíhou huíqu?

我明年回去。 난 내년에 돌아가.
Wǒ míngnián huíqu.

◆ 동사 想

想xiǎng은 '~하고 싶다'라는 뜻의 조동사로 많이 쓰이지만, '보고 싶다'라는 뜻의 동사로도 쓰입니다.

你想爸爸妈妈吗? 너 아빠 엄마가 보고 싶니?
Nǐ xiǎng bàba māma ma?

当然想他们。 당연히 그들이 보고 싶지.
Dāngrán xiǎng tāmen.

Day 028

你去哪儿?
너 어디 가?

□ MP3 듣기 ▶ □ 한 문장씩 듣고 말하기 ▶ □ 복습하기

 오늘의 회화

A 你去哪儿?
Nǐ qù nǎr?

B 我去超市买东西。
Wǒ qù chāoshì mǎi dōngxi.

A 你可以帮我买一个东西吗?
Nǐ kěyǐ bāng wǒ mǎi yí ge dōngxi ma?

B 可以,要买什么?
Kěyǐ, yào mǎi shénme?

A 너 어디 가?
B 물건 사러 마트에 가.
A 물건 하나만 사다 줄 수 있니?
B 그래, 뭘 사려고 하는데?

 단어

· **哪儿** nǎr 어디 · **超市** chāoshì 마트, 슈퍼마켓 · **买** mǎi 사다 · **东西** dōngxi 물건
· **一个** yí ge 한 개 · **帮** bāng 돕다

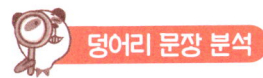

你	去哪儿?	
너는	어디에 가?	
我	去超市	买东西。
나는	마트에 가	물건을 사
你可以	帮我	买一个东西吗?
너는 할 수 있다	나를 돕다	물건 하나를 사는 걸?
可以,	要买什么?	
가능해	뭘 사려고 해?	

◆ 연동문

두 개 이상의 동사가 연결되어 나오는 문장을 연동문이라고 합니다. 동사는 동작의 시간 순서에 따라서 배열됩니다.

我去超市买东西。 나는 마트에 가서 물건을 산다.
Wǒ qù chāoshì mǎi dōngxi.

화자의 의도에 따라서 중간에 있는 목적어를 생략할 수 있습니다.

我去买东西。 나는 물건을 사러 간다.
Wǒ qù mǎi dōngxi.

Day 029

当然知道。
당연히 알지

□ MP3 듣기 ▶ □ 한 문장씩 듣고 말하기 ▶ □ 복습하기

A 他怎么不回来?
Tā zěnme bù huílai?

B 你给他打电话吧。
Nǐ gěi tā dǎ diànhuà ba.

A 你知道他的电话号码吗?
Nǐ zhīdao tā de diànhuà hàomǎ ma?

B 当然知道。
Dāngrán zhīdao.

A 걔가 왜 안 돌아오지?
B 너가 걔한테 전화해 봐.
A 너 걔 전화번호 알아?
B 당연히 알지.

 단어

- 回来 huílai 돌아오다 · 给 gěi ~에게 · 打电话 dǎ diànhuà 전화하다
- 知道 zhīdao 알다 · 电话号码 diànhuà hàomǎ 전화번호

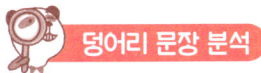
덩어리 문장 분석

他	怎么	不回来?	
그는	어째서	돌아오질 않아?	
你	给他	打电话吧。	
너가	그에게	전화해 봐	
你	知道	他的	电话号码吗?
너는	알아	그의	전화번호?
当然知道。			
당연히 알지			

핵심 어법

◆ 의문대사 怎么

怎么 zěnme는 '어떻게', '어째서', '왜'라는 뜻의 의문대사입니다.

他怎么不回来? 그는 어째서 돌아오지 않는 거야?
Tā zěnme bù huílai?

◆ 怎么 와 为什么 의 차이

怎么는 화자의 놀람, 신기함 등이 내포되어 있습니다. 为什么 wèishénme는 논리적인 이유를 묻는 표현입니다.

怎么不去? 어째서 안 가는 거야? (약간 놀라며 이유를 물어봄)
Zěnme bú qù?

为什么不去? 왜 안 가는 거야? (그냥 이유를 물어봄)
Wèishénme bú qù?

◆ 개사 给

给 gěi는 '~에게'라는 뜻의 개사입니다.

你给他打电话吧。 너 그에게 전화해 봐.
Nǐ gěi tā dǎ diànhuà ba.

Day 030 你们要什么?
무엇을 원하십니까?

A 你们要什么?
Nǐmen yào shénme?

B 给我们两瓶啤酒和一只炸鸡。
Gěi wǒmen liǎng píng píjiǔ hé yì zhī zhájī.

A 好的,还要什么吗?
Hǎode, hái yào shénme ma?

B 不要了。
Bú yào le.

A 무엇을 원하십니까?
B (우리에게) 맥주 두 병과 치킨 한 마리 주세요.
A 알겠습니다. 뭐 더 원하시는 게 있으세요?
B 괜찮아요. (원하지 않습니다.)

 단어

- **你们** nǐmen 당신들 · **给** gěi 주다 · **两瓶** liǎng píng 두 병 · **和** hé ~와
- **一只** yì zhī 한 마리(양사) · **炸鸡** zhájī 치킨

 덩어리 문장 분석

你们	要什么?		
당신들은	무엇을 원하십니까?		
给我们	两瓶啤酒	和	一只炸鸡。
우리에게	맥주 두 병	과	치킨 한 마리
好的,	还要什么吗?		
좋아요	뭐 더 원하시는 게 있으세요?		
不要了。			
원하지 않습니다			

 핵심 어법

◆ 什么 + 吗?

의문대사 什么shénme는 일반적으로 조사 吗ma와 함께 쓰이지 않습니다. 하지만 특정한 무엇을 물어보는 게 아니라 상대방의 의도를 물어볼 때는 什么와 吗를 동시에 사용할 수 있습니다.

你们要什么? 무엇을 원하십니까?
Nǐmen yào shénme?

你们要什么吗? 원하시는 거라도 있나요?
Nǐmen yào shénme ma?

还要什么吗? 뭐 더 원하시는 게 있나요?
Hái yào shénme ma?

DAY 031~040

DAY 031 你几月几号去中国？ 몇 월 며칠에 중국에 가?

DAY 032 我们在哪儿学习？ 우리 어디서 공부하지?

DAY 033 别担心。 걱정 마

DAY 034 图书馆怎么走？ 도서관에 어떻게 가요?

DAY 035 我跟她分手了。 그녀와 헤어졌어

DAY 036 你想吃什么就吃什么。 너 먹고 싶은 거 그걸로 먹자

DAY 037 真不像话！ 정말 꼴불견이야!

DAY 038 他住哪儿？ 그는 어디 살아?

DAY 039 我感冒了。 감기에 걸렸어

DAY 040 这个多少钱？ 이거 얼마예요?

Day 031 — 你几月几号去中国?
몇 월 며칠에 중국에 가?

□MP3 듣기 ▶□한 문장씩 듣고 말하기 ▶□복습하기

 오늘의 회화

A 你几月几号去中国?
Nǐ jǐ yuè jǐ hào qù Zhōngguó?

B 五月十号去中国。
Wǔ yuè shí hào qù Zhōngguó.

A 那你什么时候回来?
Nà nǐ shénmeshíhou huílai?

B 明年会回来的。
Míngnián huì huílai de.

A 몇 월 며칠에 중국에 가?
B 5월 10일에 중국에 가.
A 그러면 언제 돌아와?
B 내년에 돌아올 거야.

 단어

- **几月几号** jǐ yuè jǐ hào 몇 월 며칠
- **五月十号** wǔ yuè shí hào 5월 10일
- **那** nà 그러면, 그렇다면(접속사)
- **会 ~ 的** huì ~ de ~할 것이다

 **덩어리 문장 분석**

你	几月几号	去中国?
너는	몇 월 며칠에	중국에 가?
五月十号	去中国。	
5월 10일에	중국에 가	
那	你	什么时候回来?
그러면	너는	언제 돌아와?
明年	会回来的。	
내년에	돌아올 거야	

 **핵심 어법**

◆ **날짜와 시간 표현**

几月几号 jǐ yuè jǐ hào는 '몇 월 며칠'이라는 뜻으로 날짜를 물어볼 때 씁니다. 날짜를 말할 때 '월'은 月 yuè, '일'은 号 hào라고 합니다.

大前天 dàqiántiān 그그저께	前年 qiánnián 재작년
前天 qiántiān 그저께	去年 qùnián 작년
昨天 zuótiān 어제	今年 jīnnián 올해
今天 jīntiān 오늘	明年 míngnián 내년
明天 míngtiān 내일	后年 hòunián 내후년
后天 hòutiān 모레	
大后天 dàhòutiān 글피	

五月十号去中国。 5월 10일에 중국에 가.
Wǔ yuè shí hào qù Zhōngguó.

明年会回来的。 내년에 돌아올 거야.
Míngnián huì huílai de.

Day 032

我们在哪儿学习?
우리 어디서 공부하지?

□MP3 듣기 ▶ □한 문장씩 듣고 말하기 ▶ □복습하기

A 明天你要不要跟我一起学习?
Míngtiān nǐ yàobuyào gēn wǒ yìqǐ xuéxí?

B 好，我也要准备考试。
Hǎo, wǒ yě yào zhǔnbèi kǎoshì.

A 那我们在哪儿学习?
Nà wǒmen zài nǎr xuéxí?

B 我们去图书馆吧。那儿很安静。
Wǒmen qù túshūguǎn ba. Nàr hěn ānjìng.

A 내일 나랑 같이 공부할래, 안 할래?
B 좋아, 나도 시험 준비해야 해.
A 그러면 우리 어디서 공부하지?
B 도서관에 가자. 거기 매우 조용해.

단어

- 要不要 ~? yàobuyào ~? 원하니 안 원하니?
- 跟 gēn ~와
- 一起 yìqǐ 함께
- 学习 xuéxí 공부하다
- 好 hǎo 좋다
- 也 yě ~도, 역시나
- 要 yào ~해야 한다, 원하다
- 准备 zhǔnbèi 준비하다
- 考试 kǎoshì 시험, 시험을 치다
- 图书馆 túshūguǎn 도서관
- 安静 ānjìng 조용하다
- 看书 kànshū 책을 보다

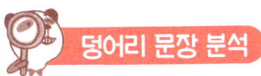 덩어리 문장 분석

明天	你	要不要	跟我一起	学习?
내일	너는	할래, 안 할래?	나랑 같이	공부를
好,	我也要	准备考试。		
좋아	나도 ~하려고 하다	시험을 준비하다		
那我们	在哪儿学习?			
그러면 우리	어디서 공부하지?			
我们	去图书馆吧。	那儿很安静。		
우리는	도서관에 가자	거기 매우 조용해		

 핵심 어법

◆부사 也

也, yě는 '~도', '역시나'라는 뜻의 부사로, 주어와 동사 사이에 위치합니다.

我也要准备考试。 나도 시험 준비를 해야 해.
Wǒ yě yào zhǔnbèi kǎoshì.

상대방의 말에 "나도."라고 대답하는 경우 我也라고 하면 틀린 표현이 됩니다. 부사가 단독으로 서술어가 될 수는 없기 때문입니다.

A 我喜欢看书。 난 책 읽기가 좋아.
   Wǒ xǐhuan kànshū.

B 我也是。 나도 그래. (我也 ×)
   Wǒ yě shì.

Day 033

别担心。
걱정 마

□MP3 듣기 ▶ □한 문장씩 듣고 말하기 ▶ □복습하기

A 你在哪儿?
   Nǐ zài nǎr?

B 我在公共汽车上。
   Wǒ zài gōnggòngqìchē shang.

A 你不会迟到吧?
   Nǐ bú huì chídào ba?

B 别担心，我不会迟到的。
   Bié dānxīn, wǒ bú huì chídào de.

A 너 어디야?
B 나 버스 안에 있어.
A 안 늦지?
B 걱정 마, 나 안 늦을 거야.

 단어

· **公共汽车** gōnggòngqìchē 시내버스   · **上** shang 위   · **不会** bú huì ～이지 않을 것이다
· **迟到** chídào 늦다, 지각하다   · **别** bié ～하지 마라   · **担心** dānxīn 걱정하다

 덩어리 문장 분석

你在哪儿?	
너 어디에 있어?	
我	在公共汽车上。
나는	버스 안에 있어
你	不会迟到吧?
너는	늦지 않겠지?
别担心,	我不会迟到的。
걱정 마	나 안 늦을 거야

 핵심 어법

◆ 가능성, 추측을 나타내는 会

会 huì는 '(아마도) ~할 것이다'라는 뜻으로, 가능성 또는 추측을 나타냅니다. 문장 뒤에 的 de가 습관적으로 따라오곤 합니다. 화자가 하고자 하는 말에 '~일 것이다'라는 단정, 강조의 어기를 더해 줍니다. 이때의 的는 생략할 수 있습니다.

你**不会**迟到吧? 너 지각하지 않겠지?
Nǐ bú huì chídào ba?

我**不会**迟到(**的**)。 저는 지각하지 않을 거예요.
Wǒ bú huì chídào (de).

Day 034 图书馆怎么走?
도서관에 어떻게 가요?

□MP3 듣기 ▶ □한 문장씩 듣고 말하기 ▶ □복습하기

 오늘의 회화

A 请问，图书馆怎么走?
Qǐng wèn, túshūguǎn zěnme zǒu?

B 顺着这条路走就会到。
Shùnzhe zhè tiáo lù zǒu jiù huì dào.

A 要走多长时间?
Yào zǒu duōcháng shíjiān?

B 走10分钟就到。
Zǒu shí fēn zhōng jiù dào.

A 말씀 좀 여쭐게요. 도서관에 어떻게 가요?
B 이 길을 따라서 걸어가면 바로 도착할 겁니다.
A 얼마나 걸어가야 하나요?
B 10분만 걸어가면 도착합니다.

단어

- **请问** qǐng wèn 말씀 좀 여쭙겠습니다 · **顺着** shùnzhe ~을 따라서
- **条** tiáo 길을 세는 양사 · **路** lù 길 · **就** jiù 바로 · **到** dào 도착하다
- **多长时间** duōcháng shíjiān 얼마 동안, 얼마 만에 · **分钟** fēn zhōng 분

请问,	图书馆	怎么走?
실례합니다	도서관에	어떻게 가요?
顺着这条路走	就会到。	
이 길을 따라서 걸으면	그러면 도착할 겁니다	
要走	多长时间?	
가야 한다	얼마나?	
走10分钟	就到。	
10분 걸으면	그러면 도착합니다	

◆ 시량보어

동사 뒤에서 보충 설명해 주는 구성 성분을 보어라고 합니다. 그중에서 시간의 양을 나타내는 보어를 '시량보어'라고 합니다.

走10分钟。 10분 동안 걷다.
Zǒu shí fēn zhōng.

看一分钟。 1분 동안 보다.
Kàn yì fēn zhōng.

学一个小时。 1시간 공부하다.
Xué yí ge xiǎoshí.

뭔가를 '얼마나', '얼마 동안' 했는지 물어볼 때는 **多长时间** duōcháng shíjiān를 씁니다.

要走多长时间? 얼마나 가야 하나요?
Yào zǒu duōcháng shíjiān?

学多长时间? 얼마나 공부하나요?
Xué duōcháng shíjiān?

我跟她分手了。
그녀와 헤어졌어

□MP3 듣기 ▶ □한 문장씩 듣고 말하기 ▶ □복습하기

A 你的脸色怎么这么难看啊?
Nǐ de liǎnsè zěnme zhème nánkàn a?

B 我跟她分手了。
Wǒ gēn tā fēnshǒu le.

A 怎么了? 上个星期还好好儿的嘛。
Zěnme le? Shàng ge xīngqī hái hǎohāorde ma.

B 你别问了, 我想一个人静静。
Nǐ bié wèn le, wǒ xiǎng yí ge rén jìngjing.

A 너 안색이 어찌 그렇게 어두워?
B 그녀와 헤어졌어.
A 무슨 일이야? 지난주만 해도 괜찮았잖아.
B 그만 물어봐, 나 혼자 조용히 있고 싶어.

단어

- **脸色** liǎnsè 안색 **怎么** zěnme 어찌 **这么** zhème 이렇게 **难看** nánkàn 보기 안 좋다
- **啊** a 어기조사(감탄, 찬탄) **分手** fēnshǒu 헤어지다 **上个星期** shàng ge xīngqī 지난주
- **还** hái ~까지만 해도 **好好儿的** hǎohāorde 멀쩡하다, 정상이다
- **别 ~ 了** bié ~ le 그만 ~해라 **问** wèn 묻다 **一个人** yí ge rén 한 명, 혼자서
- **静** jìng 조용하다, 조용히 있다

 덩어리 문장 분석

你的脸色	怎么	这么难看啊?
네 안색이	어찌	그렇게 보기 안 좋아?
我跟她	分手了。	
나는 그녀와	헤어졌어	
怎么了?	上个星期	还好好儿的嘛。
어떻게 된 거야?	지난주	에만 해도 좋았잖아
你别问了,	我想一个人静静。	
너 그만 물어봐	나 혼자서 조용히 있고 싶어	

 핵심 어법

◆ 날짜 표현

上上个星期　지지난 주
shàngshàng ge xīngqī

下个星期　다음 주
xià ge xīngqī

上个星期　지난주
shàng ge xīngqī

下下个星期　다다음 주
xiàxià ge xīngqī

这个星期　이번 주
zhège xīngqī

一个星期　일주일
yí ge xīngqī

两个星期　이주일
liǎng ge xīngqī

三个星期　삼주일
sān ge xīngqī

星期天　일요일
xīngqītiān

星期一　월요일
xīngqī yī

星期二　화요일
xīngqī èr

星期三　수요일
xīngqī sān

星期四　목요일
xīngqī sì

星期五　금요일
xīngqī wǔ

星期六　토요일
xīngqī liù

Day 036 你想吃什么就吃什么。
너 먹고 싶은 거 그걸로 먹자

□MP3 듣기 ▶ □한 문장씩 듣고 말하기 ▶ □복습하기

 오늘의 회화

A 你想吃什么?
Nǐ xiǎng chī shénme?

B 你想吃什么就吃什么。
Nǐ xiǎng chī shénme jiù chī shénme.

A 我不太熟悉中国菜。
Wǒ bú tài shúxī Zhōngguó cài.

B 那我来点吧。
Nà wǒ lái diǎn ba.

A 뭐 먹고 싶어?
B 너 먹고 싶은 거 그걸로 먹자.
A 난 중국 음식을 잘 몰라.
B 그러면 내가 주문할게.

단어

- **想 ~ 就 …** xiǎng ~ jiù … ~하고 싶으면 ~해라   **不太** bú tài 많이 ~하지는 않다
- **熟悉** shúxī 숙지하다, 익히 알다   **中国菜** Zhōngguó cài 중국 음식
- **来** lái 동사의 앞에서 화자의 의지를 나타냄   **点** diǎn 주문하다   **做** zuò ~하다

 덩어리 문장 분석

你想吃什么?	
너는 뭐 먹고 싶어?	
你想吃什么	就吃什么。
너 먹고 싶은 게 있으면	그럼 그걸 먹어
我不太熟悉	中国菜。
나는 익숙하지 않아	중국 음식이
那	我来点吧。
그러면	내가 주문할게

 핵심 어법

◆ 想 ~ 就 …

想 ~ 就 … xiǎng~jiù…는 '~하고 싶은 대로 하면 된다'라는 뜻입니다.

想吃什么就吃什么。 먹고 싶은 것 먹어.
Xiǎng chī shénme jiù chī shénme.

想做什么就做什么。 하고 싶은 대로 해.
Xiǎng zuò shénme jiù zuò shénme.

想看什么就看什么。 보고 싶은 거 봐.
Xiǎng kàn shénme jiù kàn shénme.

A 你想吃什么? 너 뭐 먹고 싶니?
　Nǐ xiǎng chī shénme?

B 你想吃什么就吃什么。 네가 먹고 싶은 게 있으면 그걸로 먹자.
　Nǐ xiǎng chī shénme jiù chī shénme.

99

Day 037 真不像话!
정말 꼴불견이야!

□MP3 듣기 ▶ □한 문장씩 듣고 말하기 ▶ □복습하기

 오늘의 회화

A 他那个人真是的。
Tā nàge rén zhēn shì de.

B 怎么了?
Zěnme le?

A 不说一声就走了，真不像话!
Bù shuō yì shēng jiù zǒu le, zhēn búxiànghuà!

B 别生气了，他这个人总是这样。
Bié shēngqì le, tā zhège rén zǒngshi zhèyàng.

A 걔 정말 너무해.
B 무슨 일이야?
A 말 한마디 없이 그냥 가 버렸어. 꼴불견이야!
B 화내지 마, 걔는 항상 그래.

단어

- **那个人** nàge rén 그 사람 · **真是的** zhēn shì de 너무해, 좀 그래(부정적)
- **一声** yì shēng 한마디 · **就** jiù 그냥, 바로 · **真** zhēn 정말
- **不像话** búxiànghuà 말도 안 된다, 이치에 맞지 않다 · **生气** shēngqì 화내다
- **总是** zǒngshi 항상 · **这样** zhèyàng 이렇게 · **一眼** yìyǎn 눈길 한 번

 **덩어리 문장 분석**

他那个人	真是的。		
걔 그 사람	정말 너무해		
怎么了?			
무슨 일이야?			
不说一声	就走了,	真	不像话!
말 한마디 하지 않고	그냥 가 버렸어	정말	꼴불견이야
别生气了,	他这个人	总是这样。	
화 그만 내	그 사람	항상 그래	

 **핵심 어법**

◆ 不 ~ 就 …

不 ~ 就 … bù ~ jiù …는 '~하지도 않고 그냥 ~하다'라는 뜻입니다.

不说一声就走了。 말 한마디도 없이 가 버렸어.
Bù shuō yì shēng jiù zǒu le.

不看一眼就走了。 거들떠보지도 않고 가 버렸어.
Bú kàn yìyǎn jiù zǒu le.

◆ 不像话 말도 안 돼, 꼴불견이야

像 xiàng은 '~와 같다', '~와 닮다'라는 뜻을 가지고 있습니다. 그래서 不像话 búxiànghuà라고 하면 '말 같지도 않다'라는 뜻이 됩니다. '말이 안 된다', '이치에 맞지 않다', '꼴불견이다'라는 뜻으로 자주 사용됩니다.

不说一声就走了, 真不像话! 말 한마디 없이 가 버렸어, 진짜 말도 안 돼!
Bù shuō yì shēng jiù zǒu le, zhēn búxiànghuà!

你这样做真不像话! 너 이렇게 하는 건 정말 말도 안 돼!
Nǐ zhèyàng zuò zhēn búxiànghuà!

他住哪儿?
그는 어디 살아?

□MP3 듣기 ▶ □한 문장씩 듣고 말하기 ▶ □복습하기

A 你认识那个人吗?
Nǐ rènshi nàge rén ma?

B 那个人? 他是我的朋友。
Nàge rén? Tā shì wǒ de péngyou.

A 是吗? 他住哪儿?
Shì ma? Tā zhù nǎr?

B 他住我家旁边儿。
Tā zhù wǒ jiā pángbiānr.

A 너 저 사람 알아?
B 저 사람? 쟤는 내 친구야.
A 그래? 쟤 어디 살아?
B 우리 집 옆에 살아.

- **认识** rènshi 알다, 알고 지내다 · **朋友** péngyou 친구 · **是吗?** shì ma? 그래요?(반문)
- **住** zhù 살다, 거주하다 · **旁边儿** pángbiānr 옆

 덩어리 문장 분석

你	认识那个人吗?
너는	저 사람을 알아?
那个人?	他是我的朋友。
저 사람?	쟤는 내 친구야
是吗?	他住哪儿?
그래?	쟤는 어디 살아?
他住	我家旁边儿。
그는 살아	우리 집 옆에

 핵심 어법

◆동사 住

동사 住zhù는 '살다', '거주하다'라는 뜻입니다.

他住哪儿? 쟤는 어디에 사니?
Tā zhù nǎr?

他住我家旁边儿。 쟤는 우리 집 옆에 살아.
Tā zhù wǒ jiā pángbiānr.

◆认识 와 知道

认识rènshi는 '알다', '인식하다'라는 뜻인데, '서로 안면을 익히다'라는 뜻을 내포하고 있습니다. 知道zhīdao도 '알다'라는 뜻이지만, 단순히 알고 있는 것을 나타냅니다. 认识你很高兴Rènshi nǐ hěn gāoxìng이라고 하면 '만나서 반갑습니다'라는 뜻이 됩니다.

我知道他。 나 그 사람을 알아.
Wǒ zhīdao tā.

我认识他。 나 그 사람이랑 안면이 있어.
Wǒ rènshi tā.

Day 039

我感冒了。
감기에 걸렸어

□MP3 듣기 ▶ □한 문장씩 듣고 말하기 ▶ □복습하기

오늘의 회화

A 昨天的会议，你参加了吗?
Zuótiān de huìyì, nǐ cānjiā le ma?

B 我没参加。我感冒了。
Wǒ méi cānjiā. Wǒ gǎnmào le.

A 感冒了? 严重吗? 吃药了吗?
Gǎnmào le? Yánzhòng ma? Chī yào le ma?

B 吃了，不太严重。
Chī le, bú tài yánzhòng.

A 어제 회의에 너 참가했어?
B 참가 못했어. 감기에 걸렸거든.
A 감기 걸렸어? 심각해? 약은 먹었어?
B 먹었어, 그렇게 심하진 않아.

단어

- **昨天** zuótiān 어제
- **会议** huìyì 회의
- **参加** cānjiā 참가하다
- **感冒** gǎnmào 감기에 걸리다
- **严重** yánzhòng 심각하다
- **吃药** chī yào 약을 먹다

昨天的会议,	你参加了吗?	
어제의 회의	너는 참가했어?	
我没参加。	我感冒了。	
나는 참가 못했어	나는 감기에 걸렸어	
感冒了?	严重吗?	吃药了吗?
감기에 걸렸어?	심각해?	약은 먹었어?
吃了,	不太严重。	
먹었어	그렇게 심하진 않아	

◆不와 没의 차이

不bù는 의지의 부정, 没méi는 사실의 부정입니다. 不는 '아니다', '안 한다', 没(有)는 '(과거에) ~하시 않았다', '없다'라는 뜻입니다.

我没参加。 저는 참가하지 않았습니다. (참가한 사실이 없습니다.)
Wǒ méi cānjiā.

我不参加。 저는 참가하지 않습니다.
Wǒ bù cānjiā.

我没吃药。 저는 약을 먹지 않았습니다.
Wǒ méi chī yào.

我不吃药。 저는 약을 먹지 않습니다.
Wǒ bù chī yào.

Day 040

这个多少钱?
이거 얼마예요?

□MP3 듣기 ▶ □한 문장씩 듣고 말하기 ▶ □복습하기

A 请问，这件衣服多少钱?
　　Qǐng wèn, zhè jiàn yīfu duōshao qián?

B 这个六百块。
　　Zhège liù bǎi kuài.

A 这么贵? 便宜一点儿好吗?
　　Zhème guì? Piányi yìdiǎnr hǎo ma?

B 不行，这是特价。
　　Bù xíng, zhè shì tèjià.

A 실례합니다. 이 옷 얼마예요?
B 600위안입니다.
A 그렇게 비싸요? 좀 싸게 해 줄 수 있나요?
B 안 됩니다. 이거 특가예요.

단어

- **请问** qǐng wèn 말씀 좀 묻겠습니다   • **件** jiàn 벌(옷을 세는 양사)   • **衣服** yīfu 옷, 의복
- **多少** duōshao 얼마   • **钱** qián 돈   • **六百块** liù bǎi kuài 600위안
- **这么** zhème 이렇게나   • **贵** guì 비싸다   • **便宜** piányi 싸다, 싸게 하다
- **一点儿** yìdiǎnr 조금   • **不行** bù xíng 안 된다   • **特价** tèjià 특가, 특별 할인가
- **出去** chūqu 나가다

덩어리 문장 분석

请问,	这件衣服	多少钱?
실례합니다	이 옷은	얼마예요?
这个六百块。		
이것은 600위안입니다		
这么贵?	便宜一点儿	好吗?
그렇게 비싸요?	조금 싸게 해 줄 수	있나요?
不行,	这是特价。	
안 됩니다	이거 특가예요	

핵심 어법

◆ 의문대사 **多少**

수량의 많고 적음을 물어볼 때 의문대사 多少 duōshao를 씁니다. 뒤에 钱 qián을 붙여서 가격을 물어보는 표현을 만들 수 있습니다.

这件衣服**多少钱**? 이 옷 얼마인가요?
Zhè jian yīfu duōshao qián?

这个手机**多少钱**? 이 핸드폰 얼마인가요?
Zhège shǒujī duōshao qián?

◆ **不行** 안 된다

行은 여러 가지 발음이 있는 단어입니다. 银行(은행)은 yínháng이라고 발음하지만, 行을 단독으로 쓰면 xíng이라고 발음하며 '~해도 좋다'라는 허락의 뜻이 됩니다. 不行 bùxíng이라고 하면 '안 된다'라는 반대의 뜻이 됩니다.

A 妈, 我可以出去吗? 엄마, 저 나가도 되나요?
   Mā, wǒ kěyǐ chūqu ma?

B 行。좋아. (된다) / 不行。안 된다.
   Xíng.   Bù xíng.

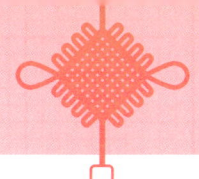

DAY

041~050

DAY 041 你会说汉语吗？ 너 중국어 할 줄 알아?

DAY 042 你在干什么？ 너 뭐 하고 있어?

DAY 043 她是我的姐姐。 그녀는 우리 언니야

DAY 044 怎么去？ 어떻게 가?

DAY 045 你喜欢中国菜吗？ 너 중국 음식 좋아해?

DAY 046 我是来学汉语的。 중국어 공부하러 왔어

DAY 047 我给你介绍一下我的朋友。
내 친구를 소개할게

DAY 048 我不是故意的。 고의가 아니었어

DAY 049 怎么了？ 무슨 일이야?

DAY 050 他太过分了。 걔 정말 너무한다

Day 041

你会说汉语吗?
너 중국어 할 줄 알아?

□MP3 듣기 ▶ □한 문장씩 듣고 말하기 ▶ □복습하기

A 这次放假你要干什么?
Zhècì fàngjià nǐ yào gàn shénme?

B 我要去中国。
Wǒ yào qù Zhōngguó.

A 你会说汉语吗?
Nǐ huì shuō Hànyǔ ma?

B 我会一点儿。
Wǒ huì yìdiǎnr.

A 이번 방학에 뭐 할 거야?
B 중국에 갈 거야.
A 너 중국어 할 줄 알아?
B 조금 해.

 단어

• **次** cì 회, 번 • **放假** fàngjià 방학, 휴가 • **干** gàn ~하다 • **会** huì ~할 줄 안다
• **说** shuō 말하다 • **开车** kāichē 운전하다

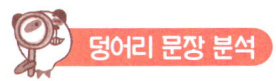 덩어리 문장 분석

这次放假	你要干什么?
이번 방학에	너는 뭐 할 거야?
我要去中国。	
나는 중국에 갈 거야	
你会说汉语吗?	
너는 중국어 할 줄 알아?	
我会一点儿。	
나는 조금 해	

 핵심 어법

◆ 조동사 会

배워서 '할 줄 안다'라고 말할 때 조동사 会huì로 표현할 수 있습니다. 한국인들은 '할 수 있다'와 '할 줄 안다'를 혼용해서 말하곤 하는데, 중국어에서는 구분해서 사용하니 주의해야 합니다.

你会说汉语吗? 너 중국말 할 줄 알아?
Nǐ huì shuō Hànyǔ ma?

你会开车吗? 너 운전할 줄 알아?
Nǐ huì kāichē ma?

Day 042

你在干什么?
너 뭐 하고 있어?

□MP3 듣기 ▶□한 문장씩 듣고 말하기 ▶□복습하기

A 你在干什么?
Nǐ zài gàn shénme?

B 我在做菜呢。我做给你吃。
Wǒ zài zuò cài ne. Wǒ zuò gěi nǐ chī.

A 做什么菜呢?
Zuò shénme cài ne?

B 我做拌饭,是韩国地道的菜。
Wǒ zuò bànfàn, shì Hánguó dìdao de cài.

A 너 뭐 하고 있어?
B 요리하고 있어. 너한테 만들어 줄게.
A 어떤 요리하는데?
B 비빔밥 해, 한국 전통 요리야.

 단어

- **在** zài ~하는 중이다 · **做菜** zuò cài 요리하다 · **做** zuò ~하다 · **给** gěi ~에게
- **菜** cài 음식, 요리 · **拌饭** bànfàn 비빔밥 · **韩国** Hánguó 한국 · **地道** dìdao 전통

 **덩어리 문장 분석**

你在干什么?			
너 뭐 하고 있어?			
我在做菜呢。	我	做给你吃。	
나는 요리하고 있어	내가	만들어서 너 먹게 해 줄게	
做	什么菜呢?		
만들다	어떤 요리를?		
我做拌饭,	是	韩国地道的	菜。
나는 비빔밥을 해	~이다	한국 전통의	요리

 **핵심 어법**

◆ 진행을 나타내는 **在**

'~을 하고 있다'라고 말할 때 在 zài를 씁니다. 여기서 在는 부사입니다.

你**在**干什么? 너 뭐 하고 있니?
Nǐ zài gàn shénme?

我**在**做菜呢。 나 음식 만들고 있어.
Wǒ zài zuò cài ne.

在에 호응하는 조사로 呢 ne가 자주 쓰입니다. 이때 呢는 생략 가능하며, 문장의 어감에만 차이가 있지 뜻은 같습니다. 또한 在 앞에 正 zhèng을 쓰면 진행되는 시간을 더욱 강조할 수 있습니다.

我**在**做菜(呢)。 나는 음식을 만들고 있어요.
Wǒ zài zuò cài (ne).

我**正在**做菜(呢)。 나는 한창 음식을 만들고 있었어.
Wǒ zhèng zài zuò cài (ne).

Day 043

她是我的姐姐。
그녀는 우리 언니야

□MP3 듣기 ▶ □한 문장씩 듣고 말하기 ▶ □복습하기

A 她是不是你的妹妹?
　　Tā shìbushì nǐ de mèimei?

B 不是，她是我的姐姐。
　　Bú shì, tā shì wǒ de jiějie.

A 她今年多大?
　　Tā jīnnián duō dà?

B 她23岁，是大学生。
　　Tā èrshísān suì, shì dàxuéshēng.

A 쟤, 네 여동생 아니야?
B 아니, 우리 언니야.
A 올해 몇 살인데?
B 23살이야. 대학생이지.

단어

- **妹妹** mèimei 여동생 · **她** tā 그녀 · **姐姐** jiějie 누나, 언니 · **今年** jīnnián 올해
- **多大?** duō dà? 몇 살입니까? · **岁** suì ~살(나이) · **大学生** dàxuéshēng 대학생

 덩어리 문장 분석

她	是不是	你的妹妹?
그녀는	맞아, 아니야?	네 여동생
不是,	**她是我的姐姐。**	
아니	그녀는 우리 언니야	
她今年	**多大?**	
그녀는 올해	몇 살이야?	
她23岁,	**是大学生。**	
23살이야	대학생이지	

 핵심 어법

◆ 多 + 형용사 = 의문문

'많다'라는 뜻의 형용사 多 duō를 다른 형용사 앞에 쓰면 '얼마나'라는 뜻이 됩니다. 이때의 多는 부사입니다.

나이를 물어볼 때는 多大 duō dà를 씁니다. 10살 이하의 아이들에게 나이를 물어볼 때는 你几岁了? Nǐ jǐsuì le?라고 한다는 것도 같이 알아두세요.

她今年多大? 그녀는 올해 몇 살이죠?
Tā jīnnián duō dà?

몸무게를 물어볼 때는 多重 duō zhòng을 씁니다.

A 你多重? 몇 킬로예요?
Nǐ duō zhòng?

B 别问这个! 이건 묻지 말아요!
Bié wèn zhège!

Day 044

怎么去?
어떻게 가?

□ MP3 듣기 ▶ □ 한 문장씩 듣고 말하기 ▶ □ 복습하기

오늘의 회화

A 这个周末你要干什么?
Zhège zhōumò nǐ yào gàn shénme?

B 这个周末我跟朋友去釜山。
Zhège zhōumò wǒ gēn péngyou qù Fǔshān.

A 你们怎么去?
Nǐmen zěnme qù?

B 我们坐火车去。
Wǒmen zuò huǒchē qù.

A 이번 주말에 뭐 할 거야?
B 이번 주말에 친구랑 부산에 가.
A 어떻게 가는데?
B 기차 타고 가.

단어

- **这个周末** zhège zhōumò 이번 주말 · **跟** gēn ~와 · **朋友** péngyou 친구
- **釜山** Fǔshān 부산 · **坐** zuò 앉다, 타다 · **火车** huǒchē 기차 · **车** chē 차
- **公共汽车** gōnggòngqìchē 버스 · **自行车** zìxíngchē 자전거 · **马** mǎ 말
- **摩托车** mótuōchē 오토바이

 덩어리 문장 분석

这个周末	你要干什么?	
이번 주말에	너는 뭐 할 거야?	
这个周末	我跟朋友	去釜山。
이번 주말에	나는 친구랑	부산에 가
你们怎么去?		
너희는 어떻게 가?		
我们坐火车去。		
우리는 기차를 타고 가		

 핵심 어법

◆ 坐 와 骑

교통수단을 '타다'라고 할 때는 동사 坐zuò가 사용됩니다.

坐车　차를 타다
zuò chē

坐火车　기차를 타다
zuò huǒchē

坐公共汽车　시내버스를 타다
zuò gōnggòngqìchē

말이나 자전거처럼 기마 자세로 타는 것에는 骑qí를 사용합니다.

骑自行车　자전거를 타다
qí zìxíngchē

骑马　말을 타다
qí mǎ

骑摩托车　오토바이를 타다
qí mótuōchē

Day 045 你喜欢中国菜吗?
너 중국 음식 좋아해?

□MP3 듣기 ▶ □한 문장씩 듣고 말하기 ▶ □복습하기

A 你喜欢中国菜吗?
Nǐ xǐhuan Zhōngguó cài ma?

B 以前不习惯，可是现在我喜欢吃中国菜了。
Yǐqián bù xíguàn, kěshì xiànzài wǒ xǐhuan chī Zhōngguó cài le.

A 那今晚我们去吃中国菜怎么样?
Nà jīnwǎn wǒmen qù chī Zhōngguó cài zěnmeyàng?

B 好哇，去哪个餐厅呢?
Hǎo wa, qù nǎge cāntīng ne?

A 너 중국 음식 좋아해?
B 이전에는 적응이 안 됐는데, 근데 지금은 중국 음식 먹는 거 좋아해.
A 그러면 오늘 저녁에 우리 중국 음식 먹으러 가는 거 어때?
B 좋아, 어느 식당에 가지?

단어
- **以前** yǐqián 이전에는
- **习惯** xíguàn 습관이 되다, 적응이 되다
- **可是** kěshì 하지만
- **今晚** jīnwǎn 오늘 밤
- **哇** wa 어기조사(啊의 변형)
- **餐厅** cāntīng 식당
- **爱上** àishang 반하다, 사랑하게 되다

 덩어리 문장 분석

你喜欢中国菜吗?			
너는 중국 음식 좋아해?			
以前不习惯,	可是现在	我喜欢吃	中国菜了。
이전에는 적응이 안 됐는데	근데 지금은	먹기를 좋아해	중국 음식을
那今晚	我们去吃	中国菜	怎么样?
그러면 오늘 밤	우리 먹으러 가자	중국 음식	어때?
好哇	去哪个餐厅呢?		
좋아	어느 식당에 가지?		

 핵심 어법

◆어기조사 了 (1)

어기조사 了 le는 이전에 유지해 오던 상황이나 상태가 변화되었음을 나타냅니다. 문장의 끝에 씁니다.

我喜欢中国菜。 저는 중국 음식을 좋아합니다.
Wǒ xǐhuan Zhōngguó cài.

我喜欢中国菜了。 저는 중국 음식을 좋아하게 되었습니다.
Wǒ xǐhuan Zhōngguó cài le.

我爱上她了。 나는 그녀에게 사랑에 빠졌어.
Wǒ àishang tā le.

Day 046 我是来学汉语的。
중국어 공부하러 왔어

□MP3 듣기 ▶ □한 문장씩 듣고 말하기 ▶ □복습하기

오늘의 회화

A 你是从哪儿来的?
Nǐ shì cóng nǎr lái de?

B 我是从韩国来的。
Wǒ shì cóng Hánguó lái de.

A 你是为什么来中国的?
Nǐ shì wèishénme lái Zhōngguó de?

B 我是来学汉语的。
Wǒ shì lái xué Hànyǔ de.

A 넌 어디서 왔어?
B 한국에서 왔어.
A 중국에 왜 온 거야?
B 중국어 공부하러 왔어.

 단어

• 从 cóng ~로부터

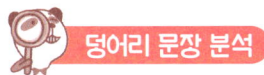 덩어리 문장 분석

你	是	从哪儿	来	的?
너는	是~的 강조 구문	어디로부터	오다	是~的 강조 구문
我	是	从韩国	来	的。
나는	是~的 강조 구문	한국에서	오다	是~的 강조 구문
你	是	为什么来中国	的?	
너는	是~的 강조 구문	왜 중국에 오다	是~的 강조 구문	
我	是	来学汉语	的。	
나는	是~的 강조 구문	중국어를 공부하러 오다	是~的 강조 구문	

 핵심 어법

◆ 是 ~ 的 강조 구문 (1)

是 ~ 的shì ~ de는 과거의 행위가 어떤 시간, 장소, 관계자, 방식, 목적 등으로 이루어진 것인지 강조해 주는 문장입니다.

장소 강조   어디에서 온 것인지 장소를 물어봄

你是从哪儿来的? 너는 어디서 왔니?
Nǐ shì cóng nǎr lái de?

我是从韩国来的。 저는 한국에서 왔어요.
Wǒ shì cóng Hánguó lái de.

이유 강조   왜 온 것인지 이유를 물어봄

你是为什么来中国的? 너는 왜 중국에 왔니?
Nǐ shì wèishénme lái Zhōngguó de?

我是来学汉语的。 저는 중국어 공부하러 왔어요.
Wǒ shì lái xué Hànyǔ de.

Day 047

我给你介绍一下我的朋友。
내 친구를 소개할게

□MP3 듣기 ▶ □한 문장씩 듣고 말하기 ▶ □복습하기

A 给你介绍一下我的朋友。
Gěi nǐ jièshào yíxià wǒ de péngyou.

B 你们两个人是怎么认识的?
Nǐmen liǎng ge rén shì zěnme rènshi de?

A 我们是上大学的时候认识的。
Wǒmen shì shàng dàxué de shíhou rènshi de.

B 那已经认识了十几年了吧!
Nà yǐjīng rènshi le shí jǐ nián le ba!

A 너에게 내 친구를 소개할게.
B 너희 둘은 어떻게 알게 된 사이야?
A 우리는 대학교 다닐 때 알게 되었어.
B 그러면 이미 10여 년을 알고 지냈구나!

단어

- **给** gěi ~에게　**介绍** jièshào 소개하다　**一下** yíxià 시험삼아 해 보다, 좀 ~하다
- **两个人** liǎng ge rén 두 명　**上** shàng 학교를 다니다　**大学** dàxué 대학교
- **的时候** de shíhou ~할 때　**已经** yǐjīng 이미　**十几年** shí jǐ nián 십여 년

给你	介绍一下	我的朋友。		
너에게	소개할게	내 친구를		
你们两个人	是	怎么认识	的?	
너희 둘은	是 ~ 的 강조 구문	어떻게 알다	是 ~ 的 강조 구문	
我们	是	上大学的时候	认识	的。
우리는	是 ~ 的 강조 구문	대학교 다닐 때	알다	是 ~ 的 강조 구문
那已经	认识了	十几年了吧!		
그러면 이미	알고 지냈다	10여 년을		

◆ 어기조사 了 (2)

어기조사 了 le는 동작이 현재까지 계속 이어짐을 나타내기도 합니다. '동사+동태조사 了＋시간사+어기조사 了'의 형태로 씁니다.

认识了十几年。 10여 년을 알고 지냈다.
Rènshi le shí jǐ nián.

认识了十几年了。 10여 년을 알고 지내 오고 있다.
Rènshi le shí jǐ nián le.

◆ 是 ~ 的 강조 구문 (2)

是 ~ 的 shì ~ de는 과거의 행위가 어떻게 이루어진 것인지 방식을 물을 때도 사용할 수 있습니다.

你们是怎么认识的? 너희는 어떻게 아는 사이야?
Nǐmen shì zěnme rènshi de?

Day 048

我不是故意的。
고의가 아니었어

□MP3 듣기 ▶ □한 문장씩 듣고 말하기 ▶ □복습하기

A 你怎么不接我的电话呀！
Nǐ zěnme bù jiē wǒ de diànhuà ya!

B 我的手机没电了。我不是故意的。
Wǒ de shǒujī méi diàn le. Wǒ bú shì gùyì de.

A 我有充电器。用我的充电吧。
Wǒ yǒu chōngdiànqì. Yòng wǒ de chōng diàn ba.

B 好吧，谢谢你。
Hǎo ba, xièxie nǐ.

A 너 어째서 내 전화를 받지 않는 거야!
B 내 핸드폰 배터리가 다 됐어. 고의가 아니었어.
A 나 충전기 있어. 내 거로 충전해.
B 좋아, 고마워.

단어

- **接** jiē (전화를) 받다, 맞이하다 • **电话** diànhuà 전화 • **呀** ya 어기조사(啊의 변형)
- **手机** shǒujī 핸드폰 • **没电** méi diàn 배터리가 없다, 전기가 없다 • **故意** gùyì 고의, 고의로
- **充电器** chōngdiànqì 충전기 • **用** yòng 이용하다, 사용하다 • **充电** chōng diàn 충전하다

你怎么	不接	我的电话	呀!
너는 어째서	받지 않아	내 전화를	조사(화자의 감정 표현)
我的手机	没电了。	我不是故意的。	
내 핸드폰	배터리가 다 됐어	고의가 아니었어	
我有充电器。	用我的	充电吧。	
나 충전기 있어	내 것을 사용해서	충전해	
好吧,	谢谢你。		
좋아	고마워		

◆没 와 了 가 같이 쓰이는 경우

사실의 부정을 나타내는 没 méi는 동작의 완료를 나타내는 了 le와는 어울리지 않습니다. 그런 일이 벌어진 적이 없음을 이미 没가 알려 주고 있는데, 그 동작이 완료되었음을 또다시 나타낼 수는 없기 때문입니다. 하지만 상황의 변화를 나타내는 어기조사 了는 没와 어울릴 수 있습니다.

我的手机没电。 내 핸드폰에 배터리가 없다.
Wǒ de shǒujī méi diàn.

我的手机没电了。 내 핸드폰에 배터리가 없어졌어(떨어졌어).
Wǒ de shǒujī méi diàn le.

Day 049
怎么了?
무슨 일이야?

□MP3 듣기 ▶□한 문장씩 듣고 말하기 ▶□복습하기

오늘의 회화

A 你的眼睛怎么红了?
Nǐ de yǎnjing zěnme hóng le?

B 昨晚没睡好。
Zuówǎn méi shuì hǎo.

A 怎么了? 有什么心事吗?
Zěnme le? Yǒu shénme xīnshì ma?

B 我昨天跟男朋友吵了一架，就睡不着觉了。
Wǒ zuótiān gēn nánpéngyou chǎo le yí jià, jiù shuì bu zháo jiào le.

A 너 눈이 왜 빨개졌어?
B 어젯밤에 잠을 잘 못 잤어.
A 무슨 일이야? 무슨 걱정거리 있어?
B 나 어제 남자 친구랑 말다툼했어, 그래서 잠이 들 수가 없더라고.

단어
- **眼睛** yǎnjing 눈 · **红** hóng 빨갛다 · **昨晚** zuówǎn 어젯밤 · **睡** shuì 자다
- **心事** xīnshì 걱정거리, 시름 · **跟** gēn ~와(개사) · **吵架** chǎojià 말다툼하다
- **睡觉** shuìjiào 잠을 자다 · **睡不着觉** shuì bu zháo jiào 잠이 들 수가 없다, 잠이 들지 않다

你的眼睛	怎么红了?				
너의 눈이	왜 빨개졌어?				
昨晚	没睡好。				
어젯밤에	제대로 못 잤어				
怎么了?	有什么心事吗?				
무슨 일이야?	무슨 걱정거리 있어?				
我昨天	跟男朋友	吵了一架,	就	睡不着觉	了。
나는 어제	남자 친구랑	말다툼했어	그래서	잠이 들 수가 없다	어기조사(변화)

◆형용사 + 了

상황의 변화를 나타내는 어기조사 了 le는 형용사와도 자주 호응합니다. 형용사의 상태로 변화되었음을 나타냅니다.

你的眼睛很红。 너 눈이 정말 빨갛다. (단순 상황 묘사)
Nǐ de yǎnjing hěn hóng.

你的眼睛红了。 너 눈이 빨개졌다. (상황의 변화 묘사)
Nǐ de yǎnjing hóng le.

Day 050
他太过分了。
걔 정말 너무한다

□MP3 듣기 ▶ □한 문장씩 듣고 말하기 ▶ □복습하기

A 他怎么今天又迟到呢?
Tā zěnme jīntiān yòu chídào ne?

B 他太过分了。你再给他打个电话吧。
Tā tài guòfèn le. Nǐ zài gěi tā dǎ ge diànhuà ba.

A 别管他。我们先去吧。
Bié guǎn tā. Wǒmen xiān qù ba.

B 好吧，我也不理他了。
Hǎo ba, wǒ yě bù lǐ tā le.

A 걔는 어째서 오늘 또 늦냐?
B 정말 너무한다. 다시 걔한테 전화해 봐.
A 걔 신경 쓰지 마. 우리 먼저 가자.
B 좋아. 나도 걔 신경 안 쓸래.

단어

- **又** yòu 또, 거듭
- **迟到** chídào 늦다, 지각하다
- **太 ~ 了** tài ~ le 정말 ~하다
- **过分** guòfèn 한도를 넘다, 지나치다
- **再** zài 다시, 재차
- **打电话** dǎ diànhuà 전화를 걸다
- **别** bié ~하지 마라
- **管** guǎn 관여하다
- **先** xiān 먼저
- **不理** bù lǐ 방임하다, 무시하다

他怎么	今天	又迟到呢?
그는 어째서	오늘	또 늦냐?
他太过分了。	你再给他	打个电话吧。
그는 너무 지나치다	너는 다시 그에게	전화해 봐.
别管他。	我们先去吧。	
그를 신경 쓰지 마	우리가 먼저 가자	
好吧,	我也不理他了。	
좋아	나도 그를 신경 안 쓸래	

◆부사 再와 又

再 zài와 又 yòu는 반복을 나타내는 부사입니다. 又는 이전의 일이 현재 다시 반복되는 것을 나타내고, 再는 아직 벌어지지 않은 일에 대한 반복을 나타냅니다.

他怎么今天又迟到呢? 걔는 어떻게 오늘 또 늦어?
Tā zěnme jīntiān yòu chídào ne?
(재차 지각한 일이 벌써 발생되었음)

你再给他打个电话吧。 너 그에게 다시 전화해 봐.
Nǐ zài gěi tā dǎ ge diànhuà ba.
(다시 전화해 보는 상황이 아직 벌어지진 않았음)

DAY 051~060

DAY 051 我已经做好了。 이미 다 했어요

DAY 052 你会骑自行车吗？ 자전거 탈 줄 알아?

DAY 053 我哪儿有钱啊！ 내가 돈이 어디 있니!

DAY 054 你要不要相亲啊？ 너 소개팅 할래, 안 할래?

DAY 055 你喜欢踢足球吗？ 축구 하는 거 좋아해?

DAY 056 你辛苦了。 수고했어

DAY 057 明天又是星期一了。 내일 또 월요일이네

DAY 058 听得懂。 알아들어요

DAY 059 真厉害！ 정말 대단해!

DAY 060 你别生气了。 화내지 마

Day 051 — 我已经做好了。
이미 다 했어요

□MP3 듣기 ▶ □한 문장씩 듣고 말하기 ▶ □복습하기

 **오늘의 회화**

A 又开始玩儿游戏？作业，你做完了吗？
Yòu kāishǐ wánr yóuxì? Zuòyè, nǐ zuò wán le ma?

B 我已经做好了。
Wǒ yǐjīng zuò hǎo le.

A 那你只能玩儿一个小时。
Nà nǐ zhǐ néng wánr yí ge xiǎoshí.

B 哎哟，妈，可不可以玩儿两个小时？
Āiyō, mā, kěbukěyǐ wánr liǎng ge xiǎoshí?

A 또 게임하기 시작하니? 숙제, 너 다 했어?
B 이미 다 했어요.
A 그러면 딱 1시간만 해라.
B 에이, 엄마, 2시간 하면 안 될까요?

단어

- **开始** kāishǐ 시작하다 · **玩儿游戏** wánr yóuxì 게임을 하다 · **作业** zuòyè 숙제
- **做完** zuò wán 완전히 하다 · **已经** yǐjīng 이미 · **做好** zuò hǎo 잘 하다 · **只** zhǐ ~만
- **能** néng ~할 수 있다 · **玩儿** wánr 놀다 · **一个小时** yí ge xiǎoshí 한 시간
- **两个小时** liǎng ge xiǎoshí 두 시간 · **哎哟** āiyō 앗(감탄사) · **妈** mā 엄마
- **可不可以 ~?** kěbukěyǐ ~? 할 수 있어요 없어요?

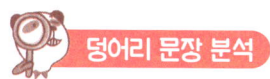 덩어리 문장 분석

又开始	玩儿游戏?	作业,	你做完了吗?
또 시작하다	게임하기?	숙제	너 다 했어?
我已经	做好了。		
저는 이미	다 했어요		
那	你只能玩儿	一个小时。	
그러면	너는 ~만 놀 수 있어	1시간	
哎哟,	妈,	可不可以玩儿	两个小时?
에이	엄마	놀면 안 될까요	2시간?

 핵심 어법

◆ 결과보어

술어의 뒤에서 보충 설명해 주는 성분을 보어라고 합니다. 보어도 성질에 따라 여러 가지가 있습니다. 결과보어는 동작에 따른 결과를 나타냅니다.

做完 zuò wán 다 하다

做 zuò는 '하다', 完 wán은 '끝나다'라는 뜻의 동사입니다. 做完 zuò wán은 동작을 완전히 끝마쳤다는 결과를 나타냅니다.

你做了吗? 너 했니? → 你做完了吗? 너 다 했니?
Nǐ zuò le ma?   Nǐ zuò wán le ma?

做好 zuò hǎo 잘 하다

做好 zuò hǎo는 '잘 하다', '성공적으로 마치다'라는 뜻을 포함하고 있으며, '좋다'라는 뜻의 형용사 好 hǎo가 동사 做 zuò의 결과보어로 온 것입니다.

我已经做了。 나 이미 했어. → 我已经做好了。 나 이미 잘 했어.
Wǒ yǐjīng zuò le.   Wǒ yǐjīng zuò hǎo le.

Day 052

你会骑自行车吗?
자전거 탈 줄 알아?

□MP3 듣기 ▶ □한 문장씩 듣고 말하기 ▶ □복습하기

 오늘의 회화

A 你会骑自行车吗?
Nǐ huì qí zìxíngchē ma?

B 会啊，我是跟爸爸学的。
Huì a, wǒ shì gēn bàba xué de.

A 那么今天一起去骑自行车吧。
Nàme jīntiān yìqǐ qù qí zìxíngchē ba.

B 可是我现在不能骑自行车。我的手受伤了。
Kěshì wǒ xiànzài bù néng qí zìxíngchē. Wǒ de shǒu shòushāng le.

A 자전거 탈 줄 알아?
B 탈 줄 알아. 아빠한테 배웠어.
A 그러면 오늘 같이 자전거 타러 가자.
B 근데 난 지금 자전거를 탈 수 없어. 손을 다쳤거든.

단어

- **会** huì 할 줄 알다 · **骑自行车** qí zìxíngchē 자전거를 타다 · **骑** qí (오토바이, 자전거를) 타다
- **自行车** zìxíngchē 자전거 · **一起** yìqǐ 함께 · **可是** kěshì 하지만 · **手** shǒu 손
- **受伤** shòushāng 다치다, 상해를 입다

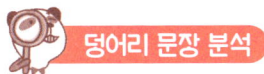 **덩어리 문장 분석**

你	会	骑自行车	吗?
너는	~할 줄 알다	자전거 타기	조사(의문)
会啊,	我	是跟爸爸学的。	
할 줄 알아	나는	아빠한테 배웠어	
那么今天一起去	骑自行车吧。		
그러면 오늘 같이 가자	자전거 타자		
可是我现在	不能骑自行车。	我的手受伤了。	
근데 난 지금	자전거를 탈 수 없어	손을 다쳤어	

 **핵심 어법**

✦ 能 과 会 의 차이

能 néng과 会 huì는 둘 다 '할 수 있다'라는 뜻을 나타냅니다. 能은 어떠한 상황이나 여건 하에 '할 수 있다'라는 뜻을 나타내고, 会는 무언가를 배워서 '할 줄 안다'라는 뜻으로 사용됩니다.

A 你会骑自行车吗? 너 자전거 탈 줄 아니?
Nǐ huì qí zìxíngchē ma?

B 会啊。 탈 줄 알아.
Huì a.

위에서 会는 자전거를 타는 법을 알고 있다는 뜻을 나타냅니다. 만약 어떤 상황이나 여건에 의해서 할 수 있음을 나타낼 때는 能을 씁니다. 자전거를 탈 줄 아는 능력과는 상관이 없습니다.

今天你能骑自行车吗? 오늘 너 자전거 탈 수 있겠어?
Jīntiān nǐ néng qí zìxíngchē ma?

我现在不能骑自行车。 난 지금 자전거를 탈 수 없어.
Wǒ xiànzài bù néng qí zìxíngchē.

Day 053

我哪儿有钱啊!
내가 돈이 어디 있니!

□MP3 듣기 ▶ □한 문장씩 듣고 말하기 ▶ □복습하기

A 你能借我点儿钱吗?
Nǐ néng jiè wǒ diǎnr qián ma?

B 我哪儿有钱啊! 怎么了?
Wǒ nǎr yǒu qián a! Zěnme le?

A 这个月手头有点儿紧。
Zhège yuè shǒutóu yǒudiǎnr jǐn.

B 哎呀,需要多少? 我也没有很多。
Āiyā, xūyào duōshao? Wǒ yě méiyǒu hěn duō.

A 너 돈 좀 빌려 줄 수 있어?
B 내가 돈이 어디 있니! 무슨 일이야?
A 이번 달에 주머니 사정이 좀 안 좋아.
B 아야, 얼마가 필요한데? 나도 많이는 없어.

단어

- **借** jiè 빌리다 ・**(一)点儿** (yì)diǎnr 좀, 조금 ・**钱** qián 돈 ・**月** yuè 월, 달
- **手头** shǒutóu 주머니 사정 ・**有点儿** yǒudiǎnr 좀, 조금(부정적 어감) ・**紧** jǐn 팽팽하다, 죄다
- **需要** xūyào 필요하다 ・**多少** duōshao 얼마 ・**多** duō 많다

 덩어리 문장 분석

你	能	借我点儿钱吗?
너는	~할 수 있다	돈을 좀 빌려줄래?
我哪儿有钱啊!	怎么了?	
내가 돈이 어디 있니!	무슨 일이야?	
这个月	手头	有点儿紧。
이번 달	주머니 사정	좀 안 좋아
哎呀,	需要多少?	我也没有很多。
아야	얼마가 필요해?	나도 많이는 없어

 핵심 어법

◆의문대사 哪儿의 반어법

의문대사 哪儿 nǎr를 서술어 앞에 써서 반어법을 나타낼 수 있습니다.

我**哪儿**有钱啊! 내가 돈이 어디 있니! (돈이 없다)
Wǒ nǎr yǒu qián a!

我**哪儿**有时间啊! 내가 시간이 어디 있니!
Wǒ nǎr yǒu shíjiān a!

◆手头紧의 구성

'주머니 사정이 좋지 않다'라는 뜻의 手头紧 shǒutóu jǐn은 한 단어처럼 쓰이지만 주어와 서술어가 합쳐진 것입니다. 그래서 '좀'이라는 뜻의 有点儿 yǒudiǎnr을 쓰려면 주어와 서술어의 사이에 씁니다.

手头**有点儿**紧。 주머니 사정이 좀 안 좋아.
Shǒutóu yǒudiǎnr jǐn.

Day 054

你要不要相亲啊?
너 소개팅 할래, 안 할래?

□MP3 듣기 ▶ □한 문장씩 듣고 말하기 ▶ □복습하기

A 你要不要相亲啊? 我给你介绍一个好男人。
Nǐ yàobuyào xiāngqīn a? Wǒ gěi nǐ jièshào yí ge hǎo nánrén.

B 他长得怎么样? 帅吗?
Tā zhǎng de zěnmeyàng? Shuài ma?

A 帅, 非常帅!
Shuài, fēicháng shuài!

B 那我见见吧。
Nà wǒ jiànjian ba.

A 너 소개팅 할래, 안 할래? 내가 좋은 남자 한 명 소개해 줄게.
B 어떻게 생겼는데? 잘생겼어?
A 잘생겼어, 진짜 잘생겼어!
B 그러면 한번 만나 볼게.

단어

- **相亲** xiāngqīn 선보다, 소개팅하다 • **介绍** jièshào 소개하다 • **男人** nánrén 남자
- **长得** zhǎng de 생김새가, 생긴 게 • **怎么样** zěnmeyàng 어떠하다 • **帅** shuài 잘생기다
- **非常** fēicháng 매우, 굉장히 • **见** jiàn 만나다, 보다

你要不要	相亲啊?	我给你介绍	一个好男人。
너 할래, 안 할래?	소개팅	내가 너에게 소개할게	좋은 남자 한 명
他长得	怎么样?	帅吗?	
그는 생긴 게	어때?	잘생겼어?	
帅,	非常帅!		
잘생겼어	진짜 잘생겼어		
那我见见吧。			
그러면 한번 만나 볼게			

◆정태보어 长得

得 de 뒤에 따르는 정태보어는 동사나 형용사의 뒤에 위치해 술어를 보충해 줍니다. 나타내는 행위 또는 모습을 판단, 묘사해 주는 역할을 합니다.

술어	+	得	+	정태보어
长 zhǎng	+	得 de	+	非常帅 fēicháng shuài

他长得怎么样?　그는 어떻게 생겼니?(그는 생긴 것이 어떠하니?)
Tā zhǎng de zěnmeyàng?

他长得非常帅!　그는 매우 잘생겼어!
Tā zhǎng de fēicháng shuài!

Day 055 你喜欢踢足球吗?
축구 하는 거 좋아해?

□MP3 듣기 ▶ □한 문장씩 듣고 말하기 ▶ □복습하기

 오늘의 회화

A 你喜欢踢足球吗?
Nǐ xǐhuan tī zúqiú ma?

B 很喜欢，不过踢得不太好。
Hěn xǐhuan, búguò tī de bú tài hǎo.

A 那你擅长什么运动呢?
Nà nǐ shàncháng shénme yùndòng ne?

B 我打篮球打得更好。
Wǒ dǎ lánqiú dǎ de gèng hǎo.

A 너 축구 하는 거 좋아해?
B 정말 좋아해, 근데 별로 잘하진 않아.
A 그러면 넌 어떤 운동을 잘해?
B 난 농구를 더 잘해.

단어

- 踢足球 tī zúqiú 축구를 하다   · 踢 tī 차다   · 足球 zúqiú 축구공   · 不过 búguò 하지만
- 踢得 tī de 차는 것이   · 不太好 bú tài hǎo 별로 좋지 않다
- 擅长 shàncháng 장기가 있다, 정통하다, 뛰어나다   · 运动 yùndòng 운동, 운동하다
- 打篮球 dǎ lánqiú 농구를 하다   · 打 dǎ 때리다   · 篮球 lánqiú 농구공   · 更 gèng 더욱

 **덩어리 문장 분석**

你喜欢	踢足球	吗?	
너는 좋아하다	축구 하기	조사(의문)	
很喜欢,	不过	踢得	不太好。
정말 좋아해	그렇지만	축구 하는 것이	별로 잘하지 않아
那你	擅长	什么运动呢?	
그러면 너는	잘하다	어떤 운동을?	
我	打篮球	打得	更好。
나는	농구 하기	하는 게	더 잘해

 **핵심 어법**

◆ **목적어가 있을 때의 정태보어 문장**

Day 54에 나온 정태보어 문장 他长得怎么样? Tā zhǎng de zěnmeyàng?에는 서술어만 있었지 목적어가 없었습니다. 목적어가 있을 때의 정태보어 문장은 '(동사) + 목적어 + 동사 + 得 + 정태보어'의 어순이 됩니다.

我(打)篮球打得更好。 나는 농구를 더 잘해.
Wǒ (dǎ) lánqiú dǎ de gèng hǎo.

得는 동사의 뒤에만 따라 올 수 있습니다. 我打篮球得更好(X)처럼 篮球 lánqiú라는 명사 뒤에 得가 오면 틀린 문장이 됩니다. 그래서 打라는 동사를 두 번 반복시켜서 정태보어의 어순을 지켜 줍니다.

Day 056

你辛苦了。
수고했어

☐MP3 듣기 ▶ ☐한 문장씩 듣고 말하기 ▶ ☐복습하기

 **오늘의 회화**

A 太累了，我上课上了6个小时。
Tài lèi le, wǒ shàngkè shàng le liù ge xiǎoshí.

B 那么长时间啊，怎么了?
Nàme cháng shíjiān a, zěnme le?

A 上个星期教授有事儿没来。今天补课了。
Shàng ge xīngqī jiàoshòu yǒu shìr méi lái. Jīntiān bǔkè le.

B 你辛苦了。好好儿休息一下。
Nǐ xīn kǔ le. Hǎohāor xiūxi yíxià.

A 진짜 피곤해, 나 수업을 6시간 들었어.
B 그렇게나 길게, 무슨 일이야?
A 지난주에 교수님이 일이 있으셔서 못 오셨거든. 오늘 보강했어.
B 고생했네. 푹 쉬어.

단어

- **太 ~ 了** tài ~ le 너무 ~하다　· **累** lèi 피곤하다　· **上课** shàngkè 수업을 듣다
- **上了** shàng le 수업을 들었다　· **6个小时** liù ge xiǎoshí 6시간　· **那么** nàme 그렇게
- **长** cháng 길다　· **时间** shíjiān 시간　· **上个星期** shàng ge xīngqī 지난주
- **教授** jiàoshòu 교수　· **事儿** shìr 일, 사정　· **补课** bǔkè 보강하다, 보충 수업하다
- **辛苦** xīn kǔ 고생하다, 수고하다　· **好好儿** hǎohāor 잘, 제대로　· **休息** xiūxi 휴식하다
- **一下** yíxià 시험삼아 해 보다, 좀 ~하다

太累了,	我	上课	上了6个小时。
진짜 피곤해	나는	수업을 듣다	6시간을 듣다
那么长时间啊,	怎么了?		
그렇게 오랜 시간	무슨 일이야?		
上个星期	教授有事儿	没来。	今天补课了。
지난주에	교수님이 일이 있었어	안 오셨어	오늘 보강했어
你辛苦了。	好好儿	休息一下。	
네가 고생했어	잘	쉬어	

◆ 목적어가 있을 때의 시량보어

시량보어는 보통 동사 뒤에 쓰지만, 목적어가 있는 경우에는 동사를 한 번 더 써 줍니다.

동사 + 목적어 + 동사 + 시량보어

我上课上了6个小时。 수업을 6시간 들었어요.
Wǒ shàngkè shàng le liù ge xiǎoshí.

我唱歌唱了1个小时。 노래를 1시간 불렀어요.
Wǒ chànggē chàng le yí ge xiǎoshí.

시량보어를 동사와 목적어의 사이에 쓸 수도 있습니다.

동사 + 시량보어 + (的) + 목적어

我上了6个小时(的)课。 수업을 6시간 들었어요.
Wǒ shàng le liù ge xiǎoshí (de) kè.

我唱了1个小时(的)歌。 노래를 1시간 불렀어요.
Wǒ chàng le yí ge xiǎoshí (de) gē.

Day 057

明天又是星期一了。
내일 또 월요일이네

□MP3 듣기 ▶□한 문장씩 듣고 말하기 ▶□복습하기

A 明天又是星期一了。
Míngtiān yòu shì xīngqī yī le.

B 是啊，如果每天都是周末的话，多好啊。
Shì a, rúguǒ měitiān dōu shì zhōumò dehuà, duō hǎo a.

A 哈哈，想得美。以后再来我家玩儿吧。
Hā hā, xiǎngdeměi. Yǐhòu zài lái wǒ jiā wánr ba.

B 好吧，再见。
Hǎo ba, zài jiàn.

A 내일 또 월요일이네.
B 그래, 만약에 매일이 주말이라면 얼마나 좋을까.
A 하하, 생각도 야무지네. 나중에 우리 집에 또 와서 놀아.
B 알았어, 또 보자.

단어

- **星期一** xīngqī yī 월요일 · **是啊** shì a 그래, 맞아 · **如果** rúguǒ 만약에
- **每天** měitiān 매일 · **都** dōu 모두, 다 · **周末** zhōumò 주말
- **的话** dehuà ~다면 · **多 ~ 啊** duō(duó) ~ a 정말 ~하겠다 · **哈哈** hā hā 하하
- **想得美** xiǎngdeměi 생각도 야무지다, 생각은 좋지 · **以后** yǐhòu 이후에
- **再** zài 다시, 재차 · **再见** zài jiàn 안녕 · **棒** bàng 대단하다, 훌륭하다 · **远** yuǎn 멀다

 덩어리 문장 분석

明天	又是	星期一了。		
내일	또 ~이다	월요일		
是啊,	如果	每天都是周末	的话,	多好啊。
그래	만약에	매일이 주말	이라면	얼마나 좋을까
哈哈,	想得美。	以后	再来我家	玩儿吧。
하하	생각도 야무지네	나중에	또 우리 집에 와	놀아라
好吧,	再见。			
알았어	또 보자			

 핵심 어법

◆ 감탄문

정도부사와 어기조사를 사용하여 감탄문을 만들 수 있습니다.

多 ~ 啊! 얼마나 ~한지!	多好啊! 얼마나 좋은지! Duō hǎo a! 多帅啊! 얼마나 잘생겼는지! Duō shuài a!
真 ~ 啊! 정말 ~하다!	真好啊! 정말 좋다! Zhēn hǎo a! 真好吃啊! 정말 맛있다! Zhēn hǎochī a! 真棒啊! 정말 대단하다! Zhēn bàng a!
太 ~ 了! 너무 ~하다!	太好了! 너무 좋다! Tài hǎo le! 太远了! 너무 멀다! Tài yuǎn le!

Day 058

听得懂。
알아들어요

□ MP3 듣기 ▶ □ 한 문장씩 듣고 말하기 ▶ □ 복습하기

A 我说的话你听得懂吗?
Wǒ shuō de huà nǐ tīng de dǒng ma?

B 听得懂,我汉语已经学了一年了。
Tīng de dǒng, wǒ Hànyǔ yǐjīng xué le yì nián le.

A 哇,你真了不起。你的汉语进步很大。
Wā, nǐ zhēn liǎobuqǐ. Nǐ de Hànyǔ jìnbù hěn dà.

B 过奖了,还差得远呢。
Guò jiǎng le, hái chà de yuǎn ne.

A 내가 하는 말 알아듣겠니?
B 알아들어요. 저 중국어 이미 1년째 공부하고 있는걸요.
A 와, 너 정말 대단하다. 중국어가 정말 많이 늘었어.
B 과찬이세요, 아직 한참 멀었어요.

단어

· **说** shuō 말하다 · **话** huà 말, 언어 · **听得懂** tīng de dǒng 듣고 이해할 수 있다
· **已经** yǐjīng 이미 · **真** zhēn 정말 · **了不起** liǎobuqǐ 대단하다 · **进步** jìnbù 진보
· **很大** hěn dà 정말 크다 · **过奖了** guò jiǎng le 과찬이십니다 · **差** chà 부족하다

 **덩어리 문장 분석**

我说的话	你听得懂吗?		
내가 하는 말	너는 알아듣겠니?		
听得懂,	我汉语	已经学了一年了。	
알아들어요	저는 중국어	이미 1년째 배우고 있어요	
哇,	你真了不起。	你的汉语	进步很大。
와	너 정말 대단하다	너의 중국어	진보가 정말 커
过奖了,	还差得远呢。		
과찬이세요	아직 한참 멀었어요		

 **핵심 어법**

◆ **가능보어**

'~할 수 있다' 또는 '~할 수 없다'라고 말할 때 조동사 能 néng을 쓰지 않고 보어를 사용해 표현할 수도 있습니다. 동사와 결과보어 사이에 得de나 不bu를 넣으면 됩니다.

동사 + 得/不 + 결과보어

听懂 알아듣다 tīng dǒng	听得懂。 알아들을 수 있다. Tīng de dǒng.	
	听不懂。 알아들을 수 없다. Tīng bu dǒng.	
	我听不懂法语。 저는 프랑스어를 알아들을 수 없어요. Wǒ tīng bu dǒng Fǎyǔ.	
看懂 알아보다 kàn dǒng	看得懂。 알아볼 수 있다. Kàn de dǒng.	
	看不懂。 알아볼 수 없다. Kàn bu dǒng.	
	我看得懂汉字。 저는 한자를 알아볼 수 있어요. Wǒ kàn de dǒng Hànzì.	

Day 059

真厉害!
정말 대단해!

□MP3 듣기 ▶ □한 문장씩 듣고 말하기 ▶ □복습하기

오늘의 회화

A 你游泳游得真厉害！
Nǐ yóuyǒng yóu de zhēn lìhai!

B 我15岁就开始学游泳。现在已经十年了。
Wǒ shíwǔ suì jiù kāishǐ xué yóuyǒng. Xiànzài yǐjīng shí nián le.

A 你可以当游泳老师了。
Nǐ kěyǐ dāng yóuyǒng lǎoshī le.

B 游泳只是我的爱好。
Yóuyǒng zhǐ shì wǒ de àihào.

A 너 수영 정말 잘한다!
B 전 15살부터 수영을 배우기 시작한걸요. 지금 벌써 10년째예요.
A 넌 수영 선생님을 해도 되겠다.
B 수영은 그저 제 취미예요.

단어

- **游泳** yóuyǒng 수영하다
- **游** yóu 헤엄치다
- **厉害** lìhai 대단하다, 심하다
- **岁** suì ~살(나이)
- **就** jiù 일찍이
- **开始** kāishǐ 시작하다
- **当** dāng 맡다, 담당하다
- **老师** lǎoshī 선생님
- **只** zhǐ 그저
- **爱好** àihào 취미
- **马上** mǎshàng 곧, 즉시

 **덩어리 문장 분석**

你游泳	游得	真厉害!		
너는 수영	하는 게	정말 잘한다		
我15岁	就开始	学游泳。	现在已经	十年了。
저는 15살	시작했어요	수영 배우는 것을	지금 벌써	10년째예요
你	可以	当游泳老师	了。	
너는	~할 수 있다	수영 선생님을 (직책을) 맡다	어기조사(변화)	
游泳	只是	我的爱好。		
수영은	그저 ~이다	저의 취미		

 **핵심 어법**

◆ 부사 **就** 의 여러 가지 뜻

就 jiù는 여러 가지 뜻을 가진 부사입니다.

이미, 벌써	我15岁就开始学游泳。 나는 15살에 벌써 수영을 배우기 시작했는걸. Wǒ shíwǔ suì jiù kāishǐ xué yóuyǒng.
곧, 즉시, 당장	我就去。 내가 곧 갈 것이다. Wǒ jiù qù. 他马上就回来。 그가 곧 돌아올 거야. Tā mǎshàng jiù huílai.
바로, 틀림없이	这儿就是我们学校。 여기가 바로 우리 학교야. Zhèr jiùshì wǒmen xuéxiào.

Day 060 你别生气了。
화내지 마

□MP3 듣기 ▶ □한 문장씩 듣고 말하기 ▶ □복습하기

 오늘의 회화

A 现在都几点了？你怎么现在才来？
Xiànzài dōu jǐ diǎn le? Nǐ zěnme xiànzài cái lái?

B 对不起。因为路上堵车，所以迟到了。
Duìbuqǐ. Yīnwèi lùshang dǔ chē, suǒyǐ chídào le.

A 那你应该早点儿出发呀！
Nà nǐ yīnggāi zǎo diǎnr chū fā ya!

B 你别生气了，我已经向你道歉了嘛。
Nǐ bié shēngqì le, wǒ yǐjīng xiàng nǐ dàoqiàn le ma.

A 지금 벌써 몇 시야? 넌 어째서 이제야 오는 거야?
B 미안해. 차가 막혀서, 그래서 늦었어.
A 그러면 일찍 출발했어야지!
B 화내지 마, 내가 이미 사과했잖아.

📑 단어

- **都** dōu 벌써 **几点** jǐ diǎn 몇 시 **才** cái 이제야, 그제서야
- **对不起** duìbuqǐ 죄송합니다 **因为** yīnwèi 왜냐하면 **路上** lùshang 길
- **堵车** dǔ chē 차가 막히다 **所以** suǒyǐ 그래서 **迟到** chídào 지각하다, 늦다
- **应该** yīnggāi ~해야 한다 **早点儿** zǎo diǎnr 빨리 **出发** chū fā 출발하다
- **别 ~ 了** bié ~ le 그만 ~하세요 **生气** shēngqì 화내다 **向** xiàng (개사) ~에게, ~을 향해서
- **道歉** dàoqiàn 사과하다 **嘛** ma 조사(뚜렷한 사실을 강조)

现在	都几点了?	你怎么	现在才来?
지금	벌써 몇 시야?	너는 어째서	이제야 오는 거야?
对不起。	因为路上堵车,	所以迟到了。	
미안해	차가 막혀서	그래서 늦었어	
那你应该	早点儿出发呀!		
그러면 너 ~해야지	일찍 출발하다		
你别生气了,	我已经	向你	道歉了嘛。
너 그만 화내	내가 이미	너에게	사과했잖아

◆부사 才

才 cái는 '이제야'라는 뜻으로, 화자의 입장에서 시간이 지체되었음을 표현하는 부사입니다.

你怎么现在才来? 너 어째서 지금에서야 오는 거니?
Nǐ zěnme xiànzài cái lái?

◆因为 ~ 所以 …

因为 yīnwèi는 '왜냐하면', 所以 suǒyǐ는 '그래서'라는 뜻입니다. 두 단어가 호응해서 자주 사용됩니다.

因为路上堵车, 所以迟到了。 왜냐하면 차가 막혀서, 그래서 늦었어.
Yīnwèi lùshang dǔ chē, suǒyǐ chídào le.

因为感冒所以不能去。 감기에 걸렸기 때문에 (그러니까) 갈 수 없어.
Yīnwèi gǎnmào suǒyǐ bù néng qù.

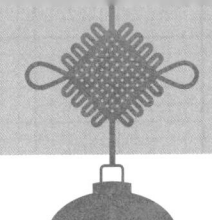

DAY

061~070

DAY 061 好极了！ 정말 좋겠다!

DAY 062 考试考得怎么样？ 시험 친 것 어땠어?

DAY 063 没关系。 괜찮아

DAY 064 你每星期去几次？ 일주일에 몇 번 가?

DAY 065 我头疼得很厉害。 머리가 너무 아파

DAY 066 我还给你。 너한테 돌려줄게

DAY 067 你真了不起！ 너 정말 대단하다!

DAY 068 这真是一个好主意！ 이거 정말 좋은 생각이다!

DAY 069 改天再去吧。 다른 날 가자

DAY 070 吓死我了。 놀라 죽을 뻔했네

Day 061

好极了!
정말 좋겠다!

□ MP3 듣기 ▶ □ 한 문장씩 듣고 말하기 ▶ □ 복습하기

오늘의 회화

A 我从7月到10月去欧洲旅游。
Wǒ cóng qī yuè dào shí yuè qù Ōuzhōu lǚyóu.

B 好极了! 你要去哪个国家?
Hǎo jí le! Nǐ yào qù nǎge guójiā?

A 要去的国家太多了,说不出来。
Yào qù de guójiā tài duō le, shuō bu chū lái.

B 多拍照片回来给我看。
Duō pāi zhàopiàn huílai gěi wǒ kàn.

A 저 7월부터 10월까지 유럽 여행 가요.
B 정말 좋겠다! 어느 나라에 가려고 하는데?
A 가려는 나라가 너무 많아서 말로 다 못해요.
B 사진 많이 찍고 돌아와서 나에게 보여 줘.

단어

- 从 cóng ~부터
- 月 yuè 월
- 到 dào ~까지
- 欧洲 Ōuzhōu 유럽
- 旅游 lǚyóu 여행하다
- 极 jí 정점, 극도
- 国家 guójiā 국가
- 太 ~ 了 tài ~ le 정말 ~하다
- 说出来 shuō chū lái 말을 꺼내다
- 说不出来 shuō bu chū lái 말을 꺼내지 못하겠다
- 拍 pāi (사진을) 찍다
- 照片 zhàopiàn 사진
- 早 zǎo 아침
- 晚 wǎn 저녁
- 东 dōng 동쪽
- 西 xī 서쪽

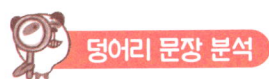 덩어리 문장 분석

我	从7月到10月	去欧洲旅游。
저는	7월부터 10월까지	유럽을 여행하러 가요
好极了!	你要去哪个国家?	
정말 좋겠다	너는 어느 나라에 가는데?	
要去的国家	太多了,	说不出来。
가려는 나라가	너무 많아요	말로 꺼내기 힘들어요
多拍照片	回来给我看。	
많이 사진 찍고	돌아와서 나에게 보여 줘	

 핵심 어법

◆ 개사 从 과 到

从 cóng은 '~에서', 到 dào는 '~까지'라는 뜻으로, 각각 시작점과 도착점을 나타냅니다. 장소와 시간, 범위 등에 모두 사용 가능합니다.

我从7月到10月去欧洲。 나는 7월부터 10월까지 유럽에 가.
Wǒ cóng qī yuè dào shí yuè qù Ōuzhōu.

从早到晚 아침부터 저녁까지
cóng zǎo dào wǎn

从东到西 동쪽에서 서쪽까지
cóng dōng dào xī

从这儿到那儿 여기에서 저기까지
cóng zhèr dào nàr

Day 062

考试考得怎么样?
시험 친 것 어땠어?

□MP3 듣기 ▶ □한 문장씩 듣고 말하기 ▶ □복습하기

A 你这次考试考得怎么样?
Nǐ zhècì kǎoshì kǎo de zěnmeyàng?

B 别问了,我考砸了。
Bié wèn le, wǒ kǎo zá le.

A 哎哟,别太失望了。还有下次呢。
Āiyō, bié tài shīwàng le. Hái yǒu xiàcì ne.

B 好吧,谢谢你。
Hǎo ba, xièxie nǐ.

A 넌 이번 시험 어땠어?
B 묻지 마, 망쳤어.
A 어이쿠, 너무 실망하지 마. 다음번이 있잖아.
B 응, 고마워.

단어

- **这次** zhècì 이번
- **考试** kǎoshì 시험, 시험을 보다
- **考** kǎo 시험, 시험을 보다
- **别 ~ 了** bié ~ le 그만 ~해라
- **问** wèn 묻다
- **考砸** kǎo zá 시험을 망치다
- **砸** zá 깨뜨리다, 실패하다, 망치다
- **失望** shīwàng 실망하다
- **还** hái 아직
- **下次** xiàcì 다음번

 **덩어리 문장 분석**

你这次考试	考得	怎么样?
너는 이번 시험	시험을 친 게	어땠어?
别问了,	我考砸了。	
묻지 마	망쳤어	
哎哟,	别太失望。	还有下次呢。
어이쿠	너무 실망하지 마	다음번이 있잖아
好吧,	谢谢你。	
알았어	고마워	

 **핵심 어법**

◆ **여러 가지 보어**

보어에는 정태보어, 정도보어, 가능보어, 결과보어, 동량보어, 시량보어, 방향보어 등 여러 가지가 있습니다.

◆ **정태보어**

考试 kǎoshì는 '시험을 보다'라는 뜻으로, '서술어 + 목적어'로 구성된 표현입니다. '得 de + 정태보어' 문장을 만들기 위해서는 考 kǎo라는 동사를 반복해서 사용합니다.

你这次考试考得怎么样? 이번 시험 잘 봤어?
Nǐ zhècì kǎoshì kǎo de zěnmeyàng?

◆ **결과보어 砸**

'깨뜨리다', '망치다'라는 뜻의 砸 zá를 결과보어로 사용할 수 있습니다. '시험을 망쳤다'라는 뜻의 我考砸了 wǒ kǎo zá le는 我考试考砸了 wǒ kǎoshì kǎo zá le에서 考试가 생략된 것입니다.

Day 063
没关系。
괜찮아

□MP3 듣기 ▶ □한 문장씩 듣고 말하기 ▶ □복습하기

 오늘의 회화

A 超市怎么走？你能告诉我吗？
Chāoshì zěnme zǒu? Nǐ néng gàosu wǒ ma?

B 离这儿很远。你要走30分钟。
Lí zhèr hěn yuǎn. Nǐ yào zǒu sānshí fēnzhōng.

A 没关系，你告诉我怎么走就行。
Méi guānxi, nǐ gàosu wǒ zěnme zǒu jiù xíng.

B 往这个方向走，到了邮局往右拐，然后往前走。
Wǎng zhège fāngxiàng zǒu, dào le yóujú wǎng yòu guǎi, ránhòu wǎng qián zǒu.

A 마트에 어떻게 가? 네가 알려 줄 수 있어?
B 여기서 좀 멀어. 30분은 걸어가야 해.
A 괜찮아, 어떻게 가는지 알려 주기만 하면 돼.
B 이 방향으로 걸어가다가 우체국에서 오른쪽으로 꺾어, 그리고 앞으로 쭉 가.

단어

- **超市** chāoshì 마트 · **告诉** gàosu 알리다, 알려 주다 · **离** lí ~부터 · **远** yuǎn 멀다
- **分钟** fēnzhōng 분 · **关系** guānxi 관계 · **就行** jiù xíng 그러면 된다
- **往** wǎng ~ 방향으로, ~를 향해 · **方向** fāngxiàng 방향 · **到** dào 도착하다
- **邮局** yóujú 우체국 · **右** yòu 오른쪽 · **拐** guǎi 방향을 바꾸다 · **然后** ránhòu 그런 다음에
- **前** qián 앞

超市怎么走?	你能	告诉我吗?			
마트에 어떻게 가?	네가 ~할 수 있다	나한테 알려 줄래?			
离这儿	很远。	你要走	30分钟。		
여기서부터	좀 멀어	너는 걸어가야 해	30분		
没关系,	你告诉我	怎么走	就行。		
괜찮아	너는 나한테 알려 줘	어떻게 가는지	그럼 돼		
往这个方向	走,	到了邮局	往右拐,	然后	往前走。
이 방향으로	걸어	우체국에서	오른쪽으로 꺾어	그런 다음	앞으로 가

◆개사 离

离 lí는 개사일 때 '~로부터'라는 뜻입니다. 离는 동사로도 사용되는데, 이때는 '분리하다', '떠나다'라는 뜻입니다.

离这儿很远。 여기서부터 매우 멀어요.
Lí zhèr hěn yuǎn.

离周末还有两天了。 주말까지 이틀이나 남았다.
Lí zhōumò háiyǒu liǎngtiān le.

◆개사 往

개사 往 wǎng은 '~를 향해'라는 뜻입니다.

往这个方向走。 이 방향을 향해서 걸어가세요.
Wǎng zhège fāngxiàng zǒu.

往右拐。 오른쪽으로 도세요.
Wǎng yòu guǎi.

Day 064

你每星期去几次?
일주일에 몇 번 가?

□MP3 듣기 ▶ □한 문장씩 듣고 말하기 ▶ □복습하기

A 你最近在干什么?
Nǐ zuìjìn zài gàn shénme?

B 我最近去健身房锻炼身体。
Wǒ zuìjìn qù jiànshēnfáng duànliàn shēntǐ.

A 你每星期去几次?
Nǐ měi xīngqī qù jǐ cì?

B 我每星期去三次。
Wǒ měi xīngqī qù sān cì.

A 너 요즘 뭐 해?
B 난 요즘 헬스장에 가서 몸 만들어.
A 매주 몇 번 가는데?
B 매주 세 번 가.

단어
- **最近** zuìjìn 요즘 · **在** zài ~하는 중이다 · **干** gàn ~하다 · **健身房** jiànshēnfáng 헬스장
- **锻炼** duànliàn 단련하다 · **身体** shēntǐ 몸 · **每星期** měi xīngqī 매주 · **几次** jǐ cì 몇 번
- **三次** sān cì 세 번

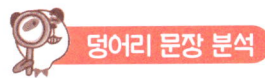 덩어리 문장 분석

你最近	在干什么?	
너는 요즘	무엇을 하고 있어?	
我最近	去健身房	锻炼身体。
나는 요즘	헬스장에 가서	몸을 만들어
你每星期	去几次?	
너는 매주	몇 번 가?	
我每星期	去三次。	
나는 매주	세 번 가	

 핵심 어법

◆ 동량보어

시량보어는 1시간, 일주일, 한 달처럼 '시간의 양'을 나타냅니다.(Day 34, 56) 동량보어는 1회, 10회, 3번 등 '동작의 횟수'를 나타냅니다. 동량보어의 용법은 시량보어와 같으며, 문장의 어순은 '주어 + 상황어 + 서술어 + 동량보어/시량보어'입니다.

你每星期去几次? 매주 몇 번 가니?
Nǐ měi xīngqī qù jǐ cì?

我每星期去三次。 매주 세 번 가.
Wǒ měi xīngqī qù sān cì.

Day 065

我头疼得很厉害。
머리가 너무 아파

□MP3 듣기 ▶ □한 문장씩 듣고 말하기 ▶ □복습하기

A 我头疼得很厉害。
Wǒ tóu téng de hěn lìhai.

B 吃药了吗？跟我一起去医院吧。
Chī yào le ma? Gēn wǒ yìqǐ qù yīyuàn ba.

A 不想去，我想在家休息。
Bù xiǎng qù, wǒ xiǎng zài jiā xiūxi.

B 忍得住吗？我很担心。
Rěn de zhù ma? Wǒ hěn dānxīn.

A 머리가 너무 아파.
B 약 먹었어? 나랑 같이 병원 가자.
A 가고 싶지 않아, 그냥 집에서 쉬고 싶어.
B 참을 수 있겠어? 걱정된다.

단어

- **头** tóu 머리 • **疼** téng 아프다 • **厉害** lìhai 심하다, 대단하다 • **吃** chī 먹다
- **药** yào 약 • **跟** gēn ~에게, ~한테 • **医院** yīyuàn 병원 • **想** xiǎng ~하고 싶다
- **休息** xiūxi 쉬다, 휴식하다 • **忍得住** rěn de zhù 참을 수 있다 • **忍** rěn 참다
- **住** zhù 고정되다 • **担心** dānxīn 걱정하다

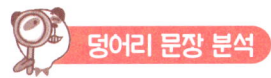 **덩어리 문장 분석**

我	头	疼得	很厉害。
나는	머리	아픈 게	정말 심해
吃药了吗?	跟我一起去	医院吧。	
약 먹었어?	나랑 같이 가자	병원에	
不想去,	我想在家休息。		
가고 싶지 않아	나는 집에서 쉬고 싶어		
忍得住吗?	我很担心。		
참을 수 있겠어?	걱정된다		

 **핵심 어법**

◆ 가능보어

'참을 수 있다'라는 뜻의 忍得住 rěn de zhù는 가능보어입니다. 결과보어와 가능보어를 비교해 봅시다.

결과보어	서술어 + 보어
	忍住 참아 내다, 버텨 내다 rěn zhù

가능보어	서술어 + 得/不 + 보어
	忍得住 참아 낼 수 있다 rěn de zhù
	忍不住 참아 낼 수 없다 rěn bu zhù

Day 066

我还给你。
너한테 돌려줄게

□MP3 듣기 ▶ □한 문장씩 듣고 말하기 ▶ □복습하기

오늘의 회화

A 我还给你钱吧。
Wǒ huán gěi nǐ qián ba.

B 什么钱?
Shénme qián?

A 这是上个月你借给我的钱。
Zhè shì shàngge yuè nǐ jiè gěi wǒ de qián.

B 哦,我忘了。你真守信。
Ò, wǒ wàng le. Nǐ zhēn shǒuxìn.

A 너한테 돈 돌려줄게.
B 무슨 돈?
A 이건 지난달에 네가 나한테 빌려준 돈이야.
B 아, 나 잊고 있었어. 너 정말 신용 있다.

단어

· **还** huán 돌려주다   · **钱** qián 돈   · **上个月** shàngge yuè 지난달   · **借** jiè 빌리다, 빌려주다
· **忘** wàng 잊다, 까먹다   · **守信** shǒuxìn 신용을 지키다

덩어리 문장 분석

我	还给你	钱吧。
내가	너에게 돌려줄게	돈을
什么钱?		
무슨 돈?		
这是	上个月	你借给我的钱。
이건 ~이다	지난달에	네가 나한테 빌려준 돈
哦, 我忘了。	你真守信。	
아, 내가 잊고 있었어	너 정말 신용 있다	

◆특수한 결과보어

결과보어는 형용사나 동사(做好, 做完, 考砸 등) 이외에도 개사구와 같은 덩어리가 올 수 있습니다. 개사구란 '개사 + 명사'로 이루어진 덩어리 구를 말합니다.

주어 + 서술어 + (개사+명사) + 목적어

我还给你钱吧。 너한테 돈 돌려줄게.
Wǒ huán gěi nǐ qián ba.

借给我。 나한테 빌려줘.
Jiè gěi wǒ.

Day 067

你真了不起!
너 정말 대단하다!

□MP3 듣기 ▶ □한 문장씩 듣고 말하기 ▶ □복습하기

A 这是我做的菜，你尝尝吧。
Zhè shì wǒ zuò de cài, nǐ chángchang ba.

B 非常好吃。你是跟谁学的?
Fēicháng hǎochī. Nǐ shì gēn shéi xué de?

A 我不是跟谁学的。我自己琢磨做的。
Wǒ bú shì gēn shéi xué de. Wǒ zìjǐ zuómo zuò de.

B 你真了不起!
Nǐ zhēn liǎobuqǐ!

A 이거 내가 만든 요리야. 먹어 봐 봐.
B 진짜 맛있다. 너 누구한테 배운 거야?
A 누구한테 배운 거 아니야. 나 혼자 궁리해서 만들었어.
B 너 정말 대단하다!

단어

- 做 zuò 하다　• 菜 cài 요리　• 尝 cháng 맛보다, 경험하다　• 非常 fēicháng 매우, 굉장히
- 好吃 hǎochī 맛있다　• 谁 shéi 누구　• 自己 zìjǐ 자기, 혼자서
- 琢磨 zuómo 궁리하다, 사색하다　• 了不起 liǎobuqǐ 보통이 아니다, 뛰어나다

这是	我做的菜,	你尝尝吧。	
이것은 ~이다	내가 만든 요리	너 먹어 봐 봐	
非常好吃。	你是	跟谁	学的?
정말 맛있다	너는 ~이다	누구한테	배운 거야?
我不是	跟谁	学的,	我自己	琢磨做的。
나는 ~ 아니야	누구한테	배운 것이	나 혼자	궁리해서 만들었어
你	真	了不起!	
너	정말	대단하다	

◆ 是 ~ 的 강조 구문 (3)

과거의 이미 일어난 상황에서 관계자에 대해 물어볼 때 是 ~ 的 shì ~ de 강조 구문을 사용합니다.

你跟谁学? 너 누구한테 배우니?　→　你是跟谁学的? 너 누구한테 배운 거니?
Nǐ gēn sheí xué?　　　　　　　　　　Nǐ shì gēn sheí xué de?

你在哪儿吃? 너 어디서 먹니?　→　你是在哪儿吃的? 너 어디서 먹은 거니?
Nǐ zài nǎr chī?　　　　　　　　　　　Nǐ shì zài nǎr chī de?

◆ 동사의 중첩

동사를 중첩시켜서 시도의 의미를 줄 수 있습니다. '맛봐'를 '맛 좀 봐 봐'로 바꾸는 것처럼 말하는 태도를 조금 더 부드럽게 바꾸어 주는 역할을 합니다.

尝。 맛봐.
Cháng.

尝尝。 맛봐 봐.
Chángchang.

Day 068

这真是一个好主意!
이거 정말 좋은 생각이다!

□MP3 듣기 ▶ □한 문장씩 듣고 말하기 ▶ □복습하기

A 这次放假你打算干什么?
Zhècì fàngjià nǐ dǎsuan gàn shénme?

B 我还没有什么打算。
Wǒ hái méiyǒu shénme dǎsuan.

A 要不要跟我一起去中国旅游?
Yàobuyào gēn wǒ yìqǐ qù Zhōngguó lǚyóu?

B 这真是一个好主意!
Zhè zhēn shì yí ge hǎozhǔyi!

A 이번 방학에 너 뭐 할 계획이야?
B 나 아직 아무 계획 없어.
A 나랑 같이 중국에 가서 여행하지 않을래?
B 이거 정말 좋은 생각이다!

단어

- **放假** fàngjià 방학, 휴가
- **打算** dǎsuan 계획하다, 계획
- **干** gàn ~을 하다
- **还** hái 아직
- **没有** méiyǒu ~이 없다
- **好主意** hǎozhǔyi 좋은 생각

 덩어리 문장 분석

这次放假	你打算	干什么?
이번 방학에	너는 ~ 계획이다	뭐 할 거야?
我还没有	什么打算。	
나는 아직 ~ 없어	무슨 계획이	
要不要	跟我一起去中国	旅游?
할래, 안 할래?	나랑 같이 중국에 가자	여행하러
这	真是	一个好主意!
이거	정말	좋은 생각이다

 핵심 어법

◆  계획, 계획하다

打算 dǎsuan은 '계획하다'라는 뜻의 동사로도 사용되고, '계획'이라는 뜻의 명사로도 사용됩니다. 중국어에는 이렇게 형태는 같지만 동사가 되기도 하고 명사가 되기도 하는 단어들이 많습니다.

동사일 때

这次放假你打算干什么? 이번 방학에 너 뭐 할 계획이니?
Zhècì fàngjià nǐ dǎsuan gàn shénme?

명사일 때

我还没有什么打算。 난 아직 아무런 계획이 없어.
Wǒ hái méiyǒu shénme dǎsuan.

Day 069

改天再去吧。
다른 날 가자

□MP3 듣기 ▶ □한 문장씩 듣고 말하기 ▶ □복습하기

A 你知道今天我们要去看电影吧?
Nǐ zhīdao jīntiān wǒmen yào qù kàn diànyǐng ba?

B 改天再去吧。我今天有点儿累。
Gǎitiān zài qù ba. Wǒ jīntiān yǒudiǎnr lèi.

A 你怎么又说话不算数呢?
Nǐ zěnme yòu shuōhuà bú suànshù ne?

B 不好意思，今天身体真的不舒服。
Bùhǎoyìsi, jīntiān shēntǐ zhēnde bù shūfu.

A 너 오늘 우리 영화 보러 가기로 한 거 알지?
B 다른 날 다시 가자, 나 오늘 좀 피곤해.
A 넌 왜 또 약속을 안 지켜?
B 미안해, 오늘은 몸이 정말 안 좋아.

단어

- **知道** zhīdao 알다 • **电影** diànyǐng 영화 • **改天** gǎitiān 다른 날 • **再** zài 다시
- **有点儿** yǒudiǎnr 좀, 조금 • **累** lèi 피곤하다 • **又** yòu 또, 거듭
- **说话算数** shuōhuà suànshù 말을 했으면 책임을 진다, 한 말은 꼭 지킨다
- **说话不算数** shuōhuà bú suànshù 한 말을 지키지 않다 • **不好意思** bùhǎoyìsi 미안합니다
- **身体** shēntǐ 몸 • **真的** zhēnde 정말 • **舒服** shūfu 편하다

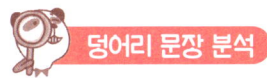 **덩어리 문장 분석**

你知道	今天我们	要去看电影	吧?		
너는 알다	오늘 우리	영화 보러 가기로 한 거	조사(권유, 독촉)		
改天	再去吧。	我今天	有点儿累。		
다른 날에	다시 가자	나는 오늘	좀 피곤해		
你怎么	又	说话不算数	呢?		
넌 어째서	또	약속을 지키지 않다	어기조사		
不好意思,	今天	身体	真的	不舒服。	
미안해	오늘은	몸이	정말	안 좋아	

 **핵심 어법**

◆改天 다른 날

改gǎi는 '바꾸다'라는 뜻의 동사입니다. 改天gǎitiān이라고 하면 '날을 바꾸다'인데, '다른 날', '후일'이라는 뜻의 명사로도 사용됩니다.

改天再去吧。 다른 날 다시 가자.
Gǎitiān zài qù ba.

改天吧。 다음에 할게요.
Gǎitiān ba.

改天见。 다음에 봅시다.
Gǎitiān jiàn.

◆说话算数 한 말은 꼭 지켜

说话算数 shuōhuà suànshù는 '말을 했으면 꼭 지킨다', '한 말은 꼭 지킨다'라는 뜻입니다. 부정형 '한 말을 지키지 않는다'는 说话不算数 shuōhuà bú suànshù라고 합니다.

你怎么又说话不算数呢！ 너 어찌 또 자신이 한 말을 지키지 않니!
Nǐ zěnme yòu shuōhuà bú suànshù ne!

你要说话算数。 너 한 말은 꼭 지켜야 해.
Nǐ yào shuōhuà suànshù.

Day 070

吓死我了。
놀라 죽을 뻔했네

□ MP3 듣기 ▶ □ 한 문장씩 듣고 말하기 ▶ □ 복습하기

A 吓死我了！你怎么不说一声呢?
Xià sǐ wǒ le! Nǐ zěnme bù shuō yì shēng ne?

B 哎哟，不好意思。
Āiyō, bùhǎoyìsi.

A 你从什么时候在这儿的?
Nǐ cóng shénmeshíhou zài zhèr de?

B 刚来。我不是故意的。
Gāng lái. Wǒ bú shì gùyì de.

A 아이 놀래라! 넌 어째 인기척도 없니?
B 어머, 미안해.
A 너 언제부터 여기 있었던 거야?
B 막 왔어. 일부러 그런 건 아니야.

단어

- **吓** xià 놀라다, 무서워하다 • **死** sǐ 죽다 • **一声** yì shēng 소리(목소리) • **从** cóng ~부터
- **什么时候** shénmeshíhou 언제 • **刚** gāng 이제 금방 • **故意** gùyì 고의로, 일부러
- **笑** xiào 웃다 • **人** rén 사람 • **臭** chòu (냄새가) 지독하다

 덩어리 문장 분석

吓死我了!	你怎么	不说一声呢?
놀라 죽을 뻔했네	너는 어찌	말 한마디 없어?
哎哟, 不好意思。		
어머, 미안해		
你	从什么时候	在这儿的?
너는	언제부터	여기 있었던 거야?
刚来。	我不是故意的。	
막 왔어	일부러 그런 건 아니야	

 핵심 어법

◆ 결과보어 死

'죽다'라는 동사 死sǐ로 과장된 표현을 만들 수 있습니다. 吓死xià sǐ라고 하면 '놀라서 죽다'라는 뜻이 됩니다.

吓死我了。 나 놀라 죽을 뻔했다.
Xià sǐ wǒ le.

笑死人了。 우스워 죽겠다.
Xiào sǐ rén le.

臭死了。 냄새 때문에 죽겠다.
Chòu sǐ le.

DAY 071~080

DAY 071 你看错人了。 사람 잘못 보셨어요

DAY 072 我得减肥了。 다이어트 해야겠어

DAY 073 连孩子都会。 어린애들도 다 해

DAY 074 不用了。 괜찮습니다

DAY 075 就要下雨了。 비가 오려고 해

DAY 076 说不出口。 말을 못 꺼내겠어

DAY 077 已经说好了嘛。 이미 얘기 끝낸 거잖아

DAY 078 我们走上去吧。 걸어 올라가자

DAY 079 发生了什么事儿？ 무슨 일이 일어난 거야?

DAY 080 该你请客了。 네가 한턱낼 차례야

Day 071

你看错人了。
사람 잘못 보셨어요

□ MP3 듣기 ▶ □ 한 문장씩 듣고 말하기 ▶ □ 복습하기

 **오늘의 회화**

A 你好，我们好像以前见过面。
Nǐ hǎo, wǒmen hǎoxiàng yǐqián jiàn guo miàn.

B 不好意思。我记性不好。
Bùhǎoyìsi. Wǒ jìxìng bù hǎo.

A 我想起来了。你是不是高丽初中毕业的?
Wǒ xiǎngqilai le. Nǐ shìbushì Gāolì chūzhōng bìyè de?

B 不对，你看错人了。
Bú duì, nǐ kàn cuò rén le.

A 안녕하세요. 우리 이전에 만난 적이 있는 것 같은데요.
B 미안합니다. 제가 기억력이 안 좋아서요.
A 생각났어요. 고려 중학교 졸업하신 것 맞죠?
B 아니요, 사람 잘못 보셨어요.

단어

- **好像** hǎoxiàng 마치 ~인 것 같다
- **以前** yǐqián 이전에
- **见面** jiàn miàn 얼굴을 보다
- **过** guo ~한 적이 있다(동태조사)
- **记性** jìxìng 기억력
- **想** xiǎng 생각하다
- **想起来** xiǎngqilai 생각이 떠오르다
- **高丽** Gāolì 고려
- **初中** chūzhōng 중학교
- **毕业** bìyè 졸업하다
- **对** duì 맞다
- **错** cuò 엇갈리다
- **看错** kàn cuò 잘못 보다

 **덩어리 문장 분석**

你好,	我们		好像	以前	见过面。
안녕하세요	우리		마치 ~인 것 같다	이전에	만난 적이 있다
不好意思。	我记性不好。				
미안합니다	제가 기억력이 안 좋아서요				
我想起来了。	你是不是		高丽初中	毕业的?	
생각났어요	당신은 ~이에요, 아니에요?		고려중학교	졸업하신 분	
不对,	你看错人了。				
아니요	사람을 잘못 보셨어요				

 **핵심 어법**

◆ 이합동사

见面 jiàn miàn은 '보다'라는 뜻의 见과 '얼굴'이란 뜻의 面이 합쳐진 '동사 + 목적어' 구조의 표현입니다. 원래 뜻은 '얼굴을 보다'이지만 '만나다'라는 뜻으로도 쓰입니다. 이런 동사를 '이합동사'라고 합니다.

이합동사는 '동사 + 목적어'의 형태이기 때문에 동태조사 过 guo를 동반할 때는 주의해야 합니다. 동태조사 过는 동사의 뒤에 따라붙습니다.

见面　　　　　=　동사 + 목적어
jiàn miàn

见过面　　　　=　동사 + 동태조사 过 + 목적어
jiàn guo miàn

见面过 (X)　　 =　동사 + 목적어 + 동태조사 过 (X)

Day 072
我得减肥了。
다이어트 해야겠어

□MP3 듣기 ▶ □한 문장씩 듣고 말하기 ▶ □복습하기

A 你发福了。
Nǐ fāfú le.

B 是啊，我得减肥了。
Shì a, wǒ děi jiǎnféi le.

A 你应该少吃点儿。
Nǐ yīnggāi shǎo chī diǎnr.

B 我吃东西吃得不多！
Wǒ chī dōngxi chī de bù duō!

A 너 살이 좀 올랐다.
B 그래, 나 다이어트 해야겠어.
A 너는 좀 적게 먹어야 해.
B 나 많이 먹지 않거든!

단어

- **发福** fāfú 몸이 좋아지셨습니다
- **得** děi ~해야 한다
- **减肥** jiǎnféi 다이어트하다
- **应该** yīnggāi ~해야 한다
- **少吃** shǎo chī 적게 먹다
- **点儿** diǎnr 조금
- **东西** dōngxi 음식, 물건
- **多** duō 많다
- **快点儿** kuài diǎnr 빨리
- **工作** gōngzuò 일, 작업

 덩어리 문장 분석

你发福了。		
너는 살이 좀 올랐어		
是啊,	我	得减肥了。
그래	나	다이어트 해야겠어
你应该	少吃点儿。	
너는 ~해야 해	조금만 먹어	
我	吃东西	吃得不多!
나는	음식 먹는 거	많이 먹지 않거든

 핵심 어법

◆조동사 得

得 děi 가 조동사일 때는 '마땅히 해야 한다'라는 뜻으로, 이치상 또는 의무적인 필요를 나타냅니다. 동태조사일 때와는 발음이 다르니 주의하세요.

我得减肥了。 나 다이어트를 해야겠어요.
Wǒ děi jiǎnféi le.

你得快点儿。 너 서둘러야겠다.
Nǐ děi kuài diǎnr.

这个工作得有五个人。 이 일은 5명은 필요하겠어.
Zhège gōngzuò děi yǒu wǔ ge rén.

◆  살쪘다

发福 fāfú는 '복스럽다'라는 뜻으로, '살쪘다'라는 말을 간접적으로 표현할 때 쓰입니다.

你发福了。 너 살이 좀 올랐어.
Nǐ fāfú le.

Day 073

连孩子都会。
어린애들도 다 해

□MP3 듣기 ▶ □한 문장씩 듣고 말하기 ▶ □복습하기

 오늘의 회화

A 你会说英语吗?
Nǐ huì shuō Yīngyǔ ma?

B 我不会说英语,连"你好!"也不会说。
Wǒ bú huì shuō Yīngyǔ, lián "Nǐ hǎo!" yě bú huì shuō.

A 这个连孩子都会。是"Hello!"嘛!
Zhège lián háizi dōu huì. Shì "Hello!" ma!

B 哦,听起来我也会啊。
Ò, tīngqilai wǒ yě huì a.

A 너 영어회화 할 줄 알아?
B 난 영어 할 줄 몰라, '안녕하세요!'조차도 못하는걸.
A 이건 어린애들도 다 해. 'Hello!'잖아!
B 아, 듣고 보니 나도 할 줄 아네.

단어

- **会** huì 할 줄 알다 ・**说** shuō 말하다 ・**英语** Yīngyǔ 영어 ・**连** lián ~조차도
- **孩子** háizi 아이 ・**都** dōu 모두 ・**听起来** tīngqilai 들어 보니 ・**知道** zhīdao 알다

你	会说	英语	吗?
너는	~ 말할 줄 알다	영어	조사(의문)
我不会说英语,	**连"你好!"**	**也不会说。**	
난 영어회화 할 줄 몰라	'안녕하세요!'조차도	말 못하는걸	
这个	连孩子	都会。	是"Hello!"嘛!
이건	어린애들도	다 해	'Hello!'잖아
哦,	听起来	我也会啊。	
아	듣고 보니	나도 할 줄 아네	

◆ 连 강조문

강조를 나타낼 때 连 lián을 사용할 수 있습니다. 也 yě, 都 dōu, 还 hái 등과 호응합니다.

我连你好也不会说。 저는 '안녕하세요'조차도 말하지 못해요.
Wǒ lián nǐ hǎo yě bú huì shuō.

这个连孩子都会。 이건 아이들조차도 다 하는 걸요.
Zhège lián háizi dōu huì.

◆ 어기조사 嘛

어기조사 嘛 ma는 본인도 알고 상대방도 안다는 걸 나타낼 때 사용합니다. 발음은 吗와 같지만 음가가 아래로 더 떨어지게 읽어 줍니다.

是Hello嘛! Hello잖아!
Shì Hello ma!

你知道嘛。 너 알고 있잖아.
Nǐ zhīdao ma.

Day 074

不用了。
괜찮습니다

□MP3 듣기 ▶ □한 문장씩 듣고 말하기 ▶ □복습하기

 오늘의 회화

A 我不吃了，吃得很饱。
Wǒ bù chī le, chī de hěn bǎo.

B 够了吗? 要不要吃点儿甜点?
Gòu le ma? Yàobuyào chī diǎnr tiándiǎn?

A 不用了，谢谢。我该走了。
Bú yòng le, xièxie. Wǒ gāi zǒu le.

B 好的，下次再来我家玩儿吧。
Hǎode, xiàcì zài lái wǒ jiā wánr ba.

A 전 그만 먹을게요, 정말 많이 먹었어요.
B 충분해요? 디저트 좀 드시겠어요?
A 괜찮아요, 감사해요. 전 이만 가 봐야겠어요.
B 알겠어요, 다음에 저희 집에 또 놀러 오세요.

📄 단어

- **饱** bǎo 배부르다   • **够** gòu 충분하다, 넉넉하다   • **甜点** tiándiǎn 디저트, 후식
- **不用了** bú yòng le 필요하지 않다   • **该 ~ 了** gāi ~ le ~할 때가 되었다
- **好的** hǎode 좋아요(동의 표현)

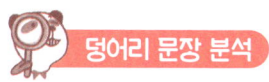 덩어리 문장 분석

我不吃了,	吃得很饱。		
저는 그만 먹을게요	정말 많이 먹었어요		
够了吗?	要不要	吃点儿	甜点?
충분해요?	원해요, 안 원해요?	좀 먹는 것	디저트를
不用了,	谢谢。	我该走了。	
괜찮아요	감사해요	저는 가 봐야겠어요	
好的,	下次	再来我家玩儿吧。	
네	다음에	저희 집에 또 놀러 와요	

 핵심 어법

◆어기조사 了

어기조사 了 le는 상황의 변화 외에도, 이전에 하던 행동을 이제 그만하겠다는 뜻을 나타낼 때도 사용합니다.

我不吃。 저는 먹지 않겠습니다.　　→　我不吃了。 저는 그만 먹겠습니다.
Wǒ bù chī.　　　　　　　　　　　　　Wǒ bù chī le.

我该走。 저는 가야 합니다.　　　　→　我该走了。 저는 이제 가야 할 때가 되었습니다.
Wǒ gāi zǒu.　　　　　　　　　　　　Wǒ gāi zǒu le.

Day 075

就要下雨了。
비가 오려고 해

□MP3 듣기 ▶ □한 문장씩 듣고 말하기 ▶ □복습하기

A 外面天气怎么样?
Wàimian tiānqì zěnmeyàng?

B 就要下雨了。你别去踢足球了。
Jiù yào xià yǔ le. Nǐ bié qù tī zúqiú le.

A 怎么也得去，今天的比赛很重要。
Zěnme yě děi qù, jīntiān de bǐsài hěn zhòngyào.

B 那你多穿点儿衣服。别感冒了。
Nà nǐ duō chuān diǎnr yīfu. Bié gǎnmào le.

A 바깥 날씨가 어때?
B 비가 오려고 해. 너 축구 하러 가지 마라.
A 어쨌든 가야 해. 오늘 경기 진짜 중요하거든.
B 그러면 옷을 많이 입고 가. 감기 걸리지 않도록 해.

단어

- **外面** wàimian 바깥 · **天气** tiānqì 날씨 · **就要 ~ 了** jiù yào ~ le 곧 ~하려고 한다
- **下雨** xià yǔ 비가 오다 · **踢足球** tī zúqiú 축구를 하다
- **怎么也得** zěnme yě děi 어쨌든 ~해야 한다 · **比赛** bǐsài 경기 · **重要** zhòngyào 중요하다
- **穿** chuān 입다 · **衣服** yīfu 옷 · **感冒** gǎnmào 감기에 걸리다 · **飞机** fēijī 비행기
- **起飞** qǐfēi 이륙하다 · **快要 ~ 了** kuài yào ~ le 곧 ~하다

外面天气	怎么样?		
바깥 날씨가	어때?		
就要下雨了。	你别去	踢足球了。	
비가 오려고 해	너 가지 마	축구 하러	
怎么也	得去,	今天的比赛	很重要。
어쨌든	가야 해	오늘의 경기	정말 중요해
那你	多穿点儿	衣服。	别感冒了。
그러면 너는	많이 입어	옷을	감기 걸리지 않도록 해

✦임박태

어떤 일이 임박해 있음을, 목전에 다다랐음을 나타낼 때 임박태를 사용할 수 있습니다. 임박태에는 就要 ~ 了 jiù yào ~ le, 要 ~ 了 yào ~ le, 快要 ~ 了 kuài yào ~ le 등이 있습니다.

就要下雨了。 곧 비가 내리겠다.
Jiù yào xià yǔ le.

飞机要起飞了。 비행기가 곧 이륙합니다.
Fēijī yào qǐfēi le.

快要考试了。 곧 시험이다.
Kuài yào kǎoshì le.

Day 076

说不出口。
말을 못 꺼내겠어

□MP3 듣기 ▶□한 문장씩 듣고 말하기 ▶□복습하기

오늘의 회화

A 我学了十年英语了。
Wǒ xué le shí nián Yīngyǔ le.

B 那你的口语应该很流利吧！
Nà nǐ de kǒuyǔ yīnggāi hěn liúlì ba!

A 其实在美国人面前说不出口。
Qíshí zài Měiguórén miànqián shuō bu chū kǒu.

B 那你的学习方法应该有问题。
Nà nǐ de xuéxí fāngfǎ yīnggāi yǒu wèntí.

A 난 10년째 영어를 공부하고 있어.
B 그러면 회화가 매우 유창하겠구나!
A 사실은 미국인 앞에서는 말을 못 꺼내겠어.
B 그러면 네 공부 방법이 문제가 있는 것 같은데.

단어

- **学** xué 공부하다   • **十年** shí nián 10년   • **口语** kǒuyǔ 구어, 회화
- **应该** yīnggāi ~일 것 같다   • **流利** liúlì 유창하다   • **其实** qíshí 사실은
- **在 ~ 面前** zài ~ miànqián ~의 면전에서   • **美国人** Měiguórén 미국인
- **说不出口** shuō bu chū kǒu 말을 꺼낼 수가 없다   • **学习** xuéxí 공부하다
- **方法** fāngfǎ 방법   • **问题** wèntí 문제   • **认真** rènzhēn 진지하다

我学了	十年	英语了。	
나는 공부했어	10년 동안	영어를	
那	你的口语	应该	很流利吧!
그러면	너의 회화가	~하겠구나	매우 유창하다
其实	在美国人面前	说不出口。	
사실은	미국인 앞에서는	말을 못 꺼내겠어	
那	你的学习方法	应该	有问题。
그러면	네 공부 방법이	~하겠다	문제가 있다

◆추측을 나타내는 应该

应该 yīnggāi는 보통 '~해야 한다'라는 당위성을 나타내는 조동사로 사용되지만 강한 추측을 나타낼 때도 사용할 수 있습니다.

당위성을 나타내는 应该

学习应该认真。 공부는 진지해야 한다.
Xuéxí yīnggāi rènzhēn.

강한 추측을 나타내는 应该

那你的口语应该很流利吧！ 그러면 너의 회화도 아마 매우 유창하겠구나!
Nà nǐ de kǒuyǔ yīnggāi hěn liúlì ba!

Day 077
已经说好了嘛。
이미 얘기 끝낸 거잖아

□MP3 듣기 ▶□한 문장씩 듣고 말하기 ▶□복습하기

 오늘의 회화

A 如果明天下雪的话，我们就不去旅行了。
　　 Rúguǒ míngtiān xià xuě dehuà, wǒmen jiù bú qù lǚxíng le.

B 为什么，已经说好了嘛！
　　 Wèishénme, yǐjīng shuō hǎo le ma!

A 下雪的话，开车很危险。
　　 Xià xuě dehuà, kāichē hěn wēixiǎn.

B 那小心点儿不就得了嘛？
　　 Nà xiǎoxīn diǎnr bújiùdéle ma?

A 만약에 내일 눈이 오면 우리 여행 가지 말자.
B 왜, 이미 얘기 끝낸 거잖아!
A 눈이 오면 운전하는 게 정말 위험해.
B 그러면 조심하면 되지 않겠어?

단어

- **如果** rúguǒ 만약에　　• **下雪** xià xuě 눈이 오다　　• **的话** dehuà ~한다면　　• **就** jiù 그러면
- **旅行** lǚxíng 여행하다　　• **已经** yǐjīng 이미　　• **说好了** shuō hǎo le 말을 잘해 놓았다
- **嘛** ma 조사(뚜렷한 사실을 강조)　　• **开车** kāichē 운전하다　　• **危险** wēixiǎn 위험하다
- **小心** xiǎoxīn 조심하다　　• **不就得了** bújiùdéle ~하면 그만이다

덩어리 문장 분석

如果	明天下雪	的话,	我们	就不去	旅行了。
만약에	내일 눈이 내리다	~한다면	우리는	그냥 가지 말자	여행을
为什么,	已经	说好了嘛!			
왜	이미	얘기 끝낸 거잖아			
下雪的话,	开车很危险。				
눈이 오면	운전하는 게 정말 위험해				
那小心点儿	不就得了嘛?				
그러면 조심하면	되지 않겠어?				

핵심 어법

◆ 가정법

如果 ~ 的话 rúguǒ ~ dehuà 를 사용해서 '~한다면'이란 뜻의 가정법을 만들 수 있습니다. 如果를 사용한 가정법에는 '그러면'이란 뜻의 就 jiù 가 자주 호응합니다. 회화에서는 如果와 的话 중에서 하나를 종종 생략합니다. 뜻에는 큰 변동이 없습니다.

如果明天下雪**的话**, 我们**就**不去旅行了。
Rúguǒ míngtiān xià xuě dehuà, wǒmen jiù bú qù lǚxíng le.
만약 내일 눈이 내린다면, 우리는 그러면 여행을 가지 맙시다.

◆ 不就得了 ~하면 그만이지 않니?

不就得了 bújiùdéle는 '~하면 그만이지 않니?', '~하면 되잖아?'라는 뜻입니다. 문장의 끝에서 상대방의 의견을 물어볼 때 사용되곤 합니다.

那小心点儿**不就得了**嘛? 그러면 조심하면 되지 않겠어?
Nà xiǎoxīn diǎnr bújiùdéle ma?

Day 078

我们走上去吧。
걸어 올라가자

☐MP3 듣기 ▶ ☐한 문장씩 듣고 말하기 ▶ ☐복습하기

 오늘의 회화

A 我们走上去吧。
Wǒmen zǒushangqu ba.

B 为什么不坐电梯呢?
Wèishénme bú zuò diàntī ne?

A 为了我们的健康。
Wèile wǒmen de jiànkāng.

B 那你一个人走上去。我坐电梯。
Nà nǐ yí ge rén zǒushangqu. Wǒ zuò diàntī.

A 우리 걸어 올라가자.
B 왜 엘리베이터 안 타는 거야?
A 우리 건강을 위해서.
B 그러면 너 혼자서 걸어 올라가. 난 엘리베이터 탈게.

단어

· 走上去 zǒushangqu 걸어 올라가다 · 坐 zuò 타다, 앉다 · 电梯 diàntī 엘리베이터
· 为了 wèile ~을 위해서 · 健康 jiànkāng 건강 · 一个人 yí ge rén 혼자서, 한 명

我们	走上去吧。	
우리	걸어 올라가자	
为什么	不坐电梯呢?	
왜	엘리베이터를 안 타는 거야?	
为了	我们的健康。	
~을 위해서	우리의 건강	
那你一个人	走上去。	我坐电梯。
그러면 너 혼자서	걸어 올라가	난 엘리베이터 탈게

◆ 복합방향보어

Day 27에서 来lái나 去qù를 붙여 방향보어를 만들 수 있다고 배웠지요? 여기에 한 글자를 더해서 복합방향보어를 만들 수 있습니다.

단순방향보어		복합방향보어
上去 올라가다 shàngqu	→	走上去 걸어 올라가다 zǒushangqu

我们走上去吧。 우리 걸어 올라가자.
Wǒmen zǒushangqu ba.

◆ 为了 ~을 위하여

为了 wèile는 '~을 위하여'라는 뜻으로, 목적을 나타냅니다. 为了에서 了가 생략되기도 합니다.

为了我们的健康。 우리의 건강을 위해서.
Wèile wǒmen de jiànkāng.

Day 079
发生了什么事儿?
무슨 일이 일어난 거야?

□MP3 듣기 ▶ □한 문장씩 듣고 말하기 ▶ □복습하기

 **오늘의 회화**

A 那里发生了什么事儿？那么吵。
Nàli fāshēng le shénme shìr? Nàme chǎo.

B 我们跑过去看看吧。
Wǒmen pǎoguòqu kànkan ba.

A 不去了，我们不要管闲事儿。
Bú qù le, wǒmen bú yào guǎn xiánshìr.

B 还是过去看看吧。说不定我们能帮上忙呢。
Háishi guòqù kànkan ba. Shuōbudìng wǒmen néng bāngshangmáng ne.

A 저기 무슨 일이 일어난 거야? 저렇게 시끄럽지.
B 우리 빨리 가서 봐 보자.
A 안 갈래. 우리 남의 일에 간섭하지 말자.
B 그래도 가서 좀 보자. 아마도 우리가 도울 게 있을 거야.

단어

- **那里** nàli 저기 • **发生** fāshēng 발생하다 • **事儿** shìr 일, 사정 • **那么** nàme 저렇게
- **吵** chǎo 시끄럽다 • **跑** pǎo 뛰다 • **跑过去** pǎoguòqu 뛰어 넘어가다
- **看看** kànkan 살펴보다 • **不要** bú yào ~하지 마라 • **管** guǎn 관여하다
- **闲事儿** xiánshìr 한가한 일 • **管闲事儿** guǎn xiánshìr 남의 일에 참견하다
- **还是** háishi 그래도 • **过去** guòqù (반대쪽으로) 넘어가다 • **说不定** shuōbudìng 아마, 짐작컨대
- **帮上忙** bāngshangmáng 도움이 되다

덩어리 문장 분석

那里	发生了	什么事儿?	那么吵。	
저기에	발생했어	무슨 일이?	저렇게 시끄럽지	
我们	跑过去	看看吧。		
우리	뛰어가서	봐 보자		
不去了,	我们不要	管闲事儿。		
안 갈래	우리 ~하지 말자	남의 일에 간섭하다		
还是	过去看看吧。	说不定	我们能	帮上忙呢。
그래도	가서 좀 보자	아마도	우리가 ~할 수 있다	도움이 되다

◆ 자주 쓰이는 복합방향보어

복합방향보어는 상황에 따라 여러 가지 단어들이 만들어질 수 있습니다.

过去 (반대쪽으로) 넘어가다 guòqu	→	跑过去 (반대쪽으로) 뛰어가다 pǎoguòqu
走来 걸어오다 zǒu lai	→	走上来 걸어 올라오다 zǒu shang lai
跑来 뛰어오다 pǎo lai	→	跑回来 뛰어 돌아오다 pǎo hui lai

◆ 说不定 아마도

说不定shuōbudìng은 '아마도', '짐작컨대'라는 뜻으로, 추측을 나타내지만 확실히 단언하기는 어려운 감정을 내포하고 있습니다.

说不定我们能帮上忙呢。 아마도 우리가 도움을 줄 수 있을 거야.
Shuōbudìng wǒmen néng bāngshangmáng ne.

Day 080

该你请客了。
네가 한턱낼 차례야

□MP3 듣기 ▶ □한 문장씩 듣고 말하기 ▶ □복습하기

A 这次该你请客了。
　　Zhècì gāi nǐ qǐngkè le.

B 哎哟，我今天没钱。
　　Āiyō, wǒ jīntiān méi qián.

A 你怎么每天这样啊。太过分了。
　　Nǐ zěnme měitiān zhèyàng a. Tài guòfèn le.

B 我怎么了。没钱怎么办呀！
　　Wǒ zěnme le. Méi qián zěnmebàn ya!

A 이번엔 네가 한턱낼 차례야.
B 어머, 나 오늘 돈이 없어.
A 넌 어째서 매일 이러니. 진짜 너무한다.
B 내가 어쨌다고 그래. 돈이 없는 걸 어떡하냐!

단어

- **该 ~ 了** gāi ~ le ~할 차례다 · **请客** qǐngkè 한턱내다, 손님을 접대하다
- **每天** měitiān 매일 · **这样** zhèyàng 이런 모양이다 · **太 ~ 了** tài ~ le 너무 ~하다
- **过分** guòfèn 지나치다, 정도를 넘다 · **怎么办** zěnmebàn 어떡해

 덩어리 문장 분석

这次	该你	请客了。
이번에	네 차례야	한턱내다
哎哟,	我今天没钱。	
어머	나는 오늘 돈이 없어	
你怎么	每天这样啊。	太过分了。
너는 어째서	매일 이러니	너무 심하다
我怎么了。	没钱怎么办呀!	
내가 어쨌다고 그래	돈이 없는 걸 어떡하냐	

 핵심 어법

◆

该 ~ 了 gāi ~ le는 '~할 차례다'라는 뜻입니다.

该你了。 네 차례다.
Gāi nǐ le.

该我了。 내 차례다.
Gāi wǒ le.

这次该你请客了。 이번엔 네가 한턱 쏠 차례다.
Zhècì gāi nǐ qǐngkè le.

◆

太 ~ 了 tài ~ le는 '너무 ~하다'라는 뜻으로, 긍정과 부정의 뜻 모두 사용 가능합니다.

太过分了。 너무 심했다.
Tài guòfèn le.

太好了。 너무 좋다.
Tài hǎo le.

DAY 081~090

DAY 081 记住了！기억해!

DAY 082 不行。안 돼

DAY 083 真受不了。정말 못 참겠어

DAY 084 累死了。피곤해 죽겠어

DAY 085 恭喜你啊。축하해

DAY 086 我想一个人静静。혼자 조용히 있고 싶어

DAY 087 谁都可以。누구든 괜찮아

DAY 088 您需要什么？무엇이 필요하십니까?

DAY 089 我还没说完呢。나 아직 말 안 끝났어

DAY 090 你爱上她了。너 사랑에 빠졌구나

Day 081 记住了!
기억해!

□MP3 듣기 ▶ □한 문장씩 듣고 말하기 ▶ □복습하기

A 你记住了！千万别忘了。
Nǐ jìzhù le! Qiānwàn bié wàng le.

B 我记住了。这么重要的事儿怎么能忘记呢。
Wǒ jìzhù le. Zhème zhòngyào de shìr zěnme néng wàngjì ne.

A 你总是说的跟做的不一样。
Nǐ zǒngshi shuōde gēn zuòde bùyíyàng.

B 这次我不会的。
Zhècì wǒ bú huì de.

A 너 기억해! 절대 잊으면 안 돼.
B 기억했어. 이렇게 중요한 일을 어떻게 잊을 수 있겠어.
A 넌 항상 말과 행동이 달라.
B 이번엔 안 그럴 거야.

단어

- **记住** jìzhù 확실히 기억해 두다
- **千万** qiānwàn 절대
- **忘** wàng 잊다
- **重要** zhòngyào 중요하다
- **忘记** wàngjì 잊어버리다
- **总是** zǒngshi 항상
- **说的** shuōde 말하는 것
- **跟** gēn ~와
- **做的** zuòde 행하는 것
- **不一样** bùyíyàng 다르다, 같지 않다
- **站住** zhànzhù 멈추다
- **停住** tíngzhù 정지하다

 덩어리 문장 분석

你记住了!	千万别忘了。	
너 기억해	절대 잊지 않도록 해	
我记住了。	这么重要的事儿	怎么能忘记呢。
나 기억했어	이렇게 중요한 일	어떻게 잊을 수 있겠어
你总是	说的跟做的	不一样。
너는 항상	말과 행동이	달라
这次	我不会的。	
이번엔	안 그럴 거야	

 핵심 어법

◆ 결과보어 住

원래 住zhù는 '살다', '거주하다'라는 뜻의 동사인데, 다른 동사의 결과보어로 사용될 때는 어떤 동작이 고정됨을 나타냅니다.

你记住了! 너 확실히 기억해!
Nǐ jìzhù le!
(기억해서(记) 마음속에 살게(住) 하는 것)

站住! 거기 딱 서!
Zhànzhù!
(서 있는 상태를(站) 고정(住)하라는 뜻)

停住! 정지해!
Tíngzhù!
(멈추고서(停) 그 상태를 유지(住)하라는 뜻)

A 我有话跟你说。
Wǒ yǒu huà gēn nǐ shuō.

B 我现在看电视呢。看完了再说吧。
Wǒ xiànzài kàn diànshì ne. Kàn wán le zài shuō ba.

A 不行，我现在就要说。
Bùxíng, wǒ xiànzài jiù yào shuō.

B 那你说吧。我不看了。
Nà nǐ shuō ba. Wǒ bú kàn le.

A 너에게 할 말이 있어.
B 나 지금 TV 보잖아. 다 보고 나서 얘기하자.
A 안 돼, 난 지금 바로 얘기해야겠어.
B 그러면 얘기해 봐. (TV) 안 볼게.

단어

- **有** yǒu ~이 있다 · **话** huà 말, 언어 · **电视** diànshì 텔레비전 · **呢** ne 조사(진행 중임을 강조)
- **看完** kàn wán 다 보다 · **再** zài 다시, 재차 · **不行** bùxíng 안 된다 · **就** jiù 바로

 덩어리 문장 분석

我有话	跟你说。	
나는 말이 있어	너에게 말할	
我现在看电视呢。	看完了	再说吧。
나 지금 TV 보잖아	다 보고	그 후에 얘기하자
不行,	我现在	就要说。
안 돼	나는 지금	바로 얘기해야겠어
那你说吧。	我不看了。	
그러면 너 말해	안 볼게	

 핵심 어법

◆再의 용법

再zài는 이전의 행위를 반복하는 '재차', '다시'의 뜻도 있지만, '~한 후에 …하다'라는 뜻도 있습니다.

看完了再说吧。 다 본 후에 말해라.
Kàn wán le zài shuō ba.

一个说完, 一个再说。 한 명이 다 말하면 한 명이 얘기해.(한 명씩 얘기해)
Yí ge shuō wán, yí ge zài shuō.

Day 083

真受不了。
정말 못 참겠어

□MP3 듣기 ▶ □한 문장씩 듣고 말하기 ▶ □복습하기

 **오늘의 회화**

A 这是什么味儿啊？真受不了。
Zhè shì shénme wèir a? Zhēn shòu bu liǎo.

B 我刚回来。还没洗脚。
Wǒ gāng huílai. Hái méi xǐ jiǎo.

A 打开窗户好吗？快去洗脚！
Dǎkāi chuānghu hǎo ma? Kuài qù xǐ jiǎo!

B 好的好的，知道了。
Hǎode hǎode, zhīdao le.

A 이게 무슨 냄새야? 정말 못 참겠다.
B 나 방금 돌아왔어. 아직 발을 안 씻었어.
A 창문 좀 열어 줄래? 빨리 가서 발 씻어!
B 그래 그래, 알았어.

단어

- **味儿** wèir 냄새 ・ **真** zhēn 정말 ・ **受不了** shòu bu liǎo 참을 수가 없다
- **受** shòu 참다, 견디다 ・ **刚** gāng 금방 ・ **洗** xǐ 씻다 ・ **脚** jiǎo 발 ・ **打开** dǎkāi 열다
- **窗户** chuānghu 창문 ・ **快** kuài 빨리

 **덩어리 문장 분석**

这是什么味儿啊?	真	受不了。
이게 무슨 냄새야?	정말	못 참겠다
我刚回来。	还没洗脚。	
나 방금 돌아왔어	아직 발을 안 씻었어	
打开窗户	好吗?	快去洗脚!
창문을 열어	알겠어?	빨리 가서 발 씻어
好的好的,	知道了。	
그래 그래	알았어	

 **핵심 어법**

◆ **특이한 결과보어**

1. 打开 (창문 등을) 열다

창문을 열 때는 打dǎ라는 동사와 결과보어 开kāi를 사용해서 열린 상태로 만든다는 뜻을 나타냅니다.

打开窗户好吗? 문 좀 열어 줄래?
Dǎkāi chuānghu hǎo ma?

2. 关上 (창문, 문 등을) 닫다

창문을 닫을 때는 关guān이라는 동사와 결과보어 上shang을 사용합니다. 여기서 上은 떨어진 물체가 만나서 다다르는 형태를 표현합니다.

请关上窗户吧。 창문 좀 닫아 주세요.
Qǐng guān shang chuānghu ba.

爱上他了。 그에게 사랑에 빠졌다.(사랑하는 상태에 다다랐음)
Ài shang tā le.

跟上吧。 따라붙으세요.
Gēn shang ba.

Day 084
累死了。
피곤해 죽겠어

□MP3 듣기 ▶ □한 문장씩 듣고 말하기 ▶ □복습하기

 오늘의 회화

A 我走不动了。累死了。
Wǒ zǒubudòng le. Lèi sǐ le.

B 我们快要到了。
Wǒmen kuài yào dào le.

A 我真走不了了。
Wǒ zhēn zǒu bu liǎo le.

B 又不是小孩子了。能不能快起来?
Yòu bú shì xiǎo háizi le. Néngbunéng kuài qǐlai?

A 나 못 움직이겠어. 피곤해 죽겠어.
B 우리 곧 도착할 거야.
A 나 정말 못 움직이겠어.
B 아이도 아닌데 말이야. 빨리 일어나지 못하겠어?

단어

- **走不动** zǒubudòng 걸을 수가 없다 · **累** lèi 피곤하다 · **死** sǐ 죽다
- **快要 ~ 了** kuài yào ~ le 곧 ~ 도착한다 · **真** zhēn 정말
- **走不了** zǒu bu liǎo 걸을 수가 없다 · **又不是 ~ 了** yòu bú shì ~ le ~도 아닌데
- **小孩子** xiǎo háizi 어린아이 · **起来** qǐlai 일어나다

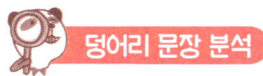 덩어리 문장 분석

我	走不动	了。	累死了。	
나는	움직일 수가 없어	어기조사(변화)	피곤해 죽겠어	
我们	快要到了。			
우리는	곧 도착할 거야			
我真	走不了	了。		
나는 정말	움직일 수가 없어(가능보어)	어기조사(변화)		
又不是	小孩子	了。	能不能	快起来?
또한 ~ 아니다	아이	어기조사	할 수 있겠어, 없겠어?	빨리 일어나다

 핵심 어법

◆ 가능보어

1. 我走不动了

동사와 결과보어 사이에 부정부사 不를 더해서 가능보어 형태로 만들 수 있습니다.

동사+결과보어   走动   걸어서 움직이다
                          zǒu dòng

동사+부정부사 不+결과보어   走不动   걸을 수가 없다
 = 가능보어   zǒubudòng

2. 특수한 가능보어 走不了

走不了 zǒu bu liǎo는 '걸을 수가 없다'라는 뜻입니다. 여기서 了는 동태조사나 어기조사가 아닌 결과보어로 사용되었습니다. 발음도 다르니 주의해야 합니다.

走不了   걸을 수가 없다
zǒu bu liǎo

我真走不了了。 나 정말 걸을 수가 없게 되었어.(못 걷겠어)
Wǒ zhēn zǒu bu liǎo le.

恭喜你啊。
축하해

□MP3 듣기 ▶ □한 문장씩 듣고 말하기 ▶ □복습하기

오늘의 회화

A 高兴极了，我考上大学了。
Gāoxìng jí le, wǒ kǎoshang dàxué le.

B 恭喜你啊！
Gōngxǐ nǐ a!

A 谢谢你，我会更努力的。
Xièxie nǐ, wǒ huì gèng nǔlì de.

B 慢慢儿来！你一定会成功！
Mànmānr lái! Nǐ yídìng huì chénggōng!

A 정말 기뻐, 나 대학에 붙었어!
B 축하해!
A 고마워, 나 더욱 노력할 거야.
B 천천히 해! 넌 반드시 성공할 거야!

단어

- **高兴** gāoxìng 기쁘다
- **极了** jí le 극히
- **考上** kǎoshang 시험에 붙다
- **大学** dàxué 대학
- **恭喜** gōngxǐ 축하하다
- **会 ~ 的** huì ~ de ~할 것이다
- **更** gèng 더욱
- **努力** nǔlì 노력하다
- **慢慢儿** mànmānr 천천히
- **一定** yídìng 반드시
- **成功** chénggōng 성공하다
- **痛快** tòngkuài 통쾌하다
- **忙** máng 바쁘다

 덩어리 문장 분석

高兴极了,	我	考上	大学了。
정말 기뻐	나	합격했어	대학에
恭喜你啊!			
축하해!			
谢谢你,	我会更努力的。		
고마워	나 더욱 노력할 거야		
慢慢儿来!	你一定会成功!		
천천히 해	넌 반드시 성공할 거야		

 핵심 어법

◆ 정도보어 **极了**

상태의 정도가 어떠함을 나타낼 때 정도보어를 사용합니다. 대표적으로 **极了** jí le, **死了** sǐ le, **远了** yuǎn le 등이 있는데요. 단순히 **非常好** fēicháng hǎo나 **很好** hěn hǎo 같은 부사로 표현하는 것보다 더 강조할 수 있습니다.

高兴极了 굉장히 기쁘다 gāoxìng jí le	**痛快极了** 진짜 통쾌하다 tòngkuài jí le
高兴死了 기뻐 죽겠다 gāoxìng sǐ le	**累死了** 피곤해 죽겠다 lèi sǐ le
忙死了 바빠 죽겠다 máng sǐ le	

Day 086

我想一个人静静。
혼자 조용히 있고 싶어

☐ MP3 듣기 ▶ ☐ 한 문장씩 듣고 말하기 ▶ ☐ 복습하기

 오늘의 회화

A 跟我一起去百货商店吧。
Gēn wǒ yìqǐ qù bǎihuòshāngdiàn ba.

B 今天我不想出去。想在家休息。
Jīntiān wǒ bù xiǎng chūqu. Xiǎng zài jiā xiūxi.

A 一起去吧。我带你去很贵的餐厅。
Yìqǐ qù ba. Wǒ dài nǐ qù hěn guì de cāntīng.

B 哪儿都不想去。我想一个人静静。
Nǎr dōu bù xiǎng qù. Wǒ xiǎng yí ge rén jìngjing.

A 나랑 같이 백화점에 가자.
B 오늘 나 밖에 나가고 싶지 않아. 집에서 쉬고 싶어.
A 같이 가자. 내가 진짜 비싼 식당에 데리고 갈게.
B 아무 데도 가고 싶지 않아. 혼자 조용히 있고 싶어.

단어

- **一起** yìqǐ 함께
- **百货商店** bǎihuòshāngdiàn 백화점
- **出去** chūqu 나가다
- **在家** zài jiā 집에서
- **休息** xiūxi 휴식하다
- **带** dài 데리고, 가지고
- **贵** guì 비싸다
- **餐厅** cāntīng 식당
- **哪儿都** nǎr dōu 어디든지 다
- **静静** jìngjing 조용히 (있다)

 덩어리 문장 분석

跟我	一起去	百货商店	吧。			
나랑	같이 가다	백화점	조사(청유,권유)			
今天	我不想	出去	想	在家	休息。	
오늘	나 ~하고 싶지 않아	나가다	~하고 싶다	집에서	휴식하다	
一起去吧。	我带你去	很贵的	餐厅。			
같이 가자	내가 너 데리고 갈게	매우 비싼	식당			
哪儿都	不想去。	我想	一个人	静静。		
아무 데도	가고 싶지 않아	나 ~하고 싶어	혼자	조용히		

 핵심 어법

◆ 哪儿都 ~ 不 강조문

'의문대사 + 都 dōu + 不 bù' 형태로 강조문을 만들 수 있습니다.

哪儿都不想去。 어디도 가고 싶지 않아.
Nǎr dōu bù xiǎng qù.

什么都不想吃。 어떤 것도 먹고 싶지 않아.
Shénme dōu bù xiǎng chī.

Day 087

谁都可以。
누구든 괜찮아

□ MP3 듣기 ▶ □ 한 문장씩 듣고 말하기 ▶ □ 복습하기

A 听说这个周末是你的生日，是吗?
Tīngshuō zhège zhōumò shì nǐ de shēngrì, shì ma?

B 是啊，谁告诉你的? 要不要你也来玩儿?
Shì a, shéi gàosu nǐ de? Yàobuyào nǐ yě lái wánr?

A 我可以去吗?
Wǒ kěyǐ qù ma?

B 谁都可以。
Shéi dōu kěyǐ.

A 듣자 하니 이번 주말에 너 생일이라며, 그렇지?
B 맞아, 누가 알려 준 거야? 너도 와서 놀지 않을래?
A 나 가도 돼?
B 누구든 와도 돼.

단어

- **听说** tīngshuō 듣자 하니
- **这个周末** zhège zhōumò 이번 주말
- **生日** shēngrì 생일
- **告诉** gàosu 알려 주다
- **可以** kěyǐ 가능하다, 된다
- **谁都** shéi dōu 누구든지 다

 덩어리 문장 분석

听说	这个周末	是你的生日,	是吗?
듣자 하니	이번 주말에	너의 생일이야	그렇지?
是啊,	谁告诉你的?	要不要你也来玩儿?	
맞아	누가 알려 준 거야?	너도 와서 놀지 않을래?	
我可以去吗?			
나 가도 돼?			
谁都可以。			
누구든 되지			

 핵심 어법

◆听说 듣자 하니

听说 tīngshuō는 '듣자 하니', '들어 보니'라는 뜻입니다. 중간에 소문을 퍼뜨린 주체가 나오거나 생략될 수도 있습니다.

听我的爸爸说 ~ 우리 아빠가 말하는 걸 들었는데 ~
Tīng wǒ de bàba shuō ~

听说这个周末是你的生日? 듣자 하니 이번 주말이 네 생일이라면서?
Tīngshuō zhège zhōumò shì nǐ de shēngrì?

◆谁都 누구든지

谁都 shéi dōu는 '누구든지', '누구나'라는 뜻입니다. '의문대사 + 都 dōu' 뒤에 긍정의 문장이 이어져서 전체 긍정을 나타낼 수 있습니다.

谁都可以。 누구나 가능해요.
Shéi dōu kěyǐ.

什么都可以。 무엇이든 됩니다.
Shénme dōu kěyǐ.

Day 088 — 您需要什么?
무엇이 필요하십니까?

□MP3 듣기 ▶ □한 문장씩 듣고 말하기 ▶ □복습하기

 오늘의 회화

A 您需要什么?
Nín xūyào shénme?

B 我已经预订好了双人间。
Wǒ yǐjīng yùdìng hǎo le shuāngrénjiān.

A 你把护照带来了吗?
Nǐ bǎ hùzhào dàilai le ma?

B 带了, 给你。
Dài le, gěi nǐ.

A 무엇이 필요하십니까?
B 저는 이미 2인실을 예약했어요.
A 여권을 가지고 오셨나요?
B 가지고 왔어요. 드릴게요.

단어

- 需要 xūyào 필요하다 · 已经 yǐjīng 이미 · 预订 yùdìng 예약하다
- 双人间 shuāngrénjiān 2인실 · 把 bǎ 개사(목적어를 앞으로 이끎) · 护照 hùzhào 여권
- 带来 dàilai 가지고 오다 · 带 dài 가지다, 지니다 · 给 gěi 주다

 **덩어리 문장 분석**

您需要什么?		
무엇이 필요하십니까?		
我已经	预订好了	双人间。
저는 이미	예약했어요	2인실을
你	把护照	带来了吗?
당신은	여권을	가지고 오셨나요?
带了,	给你。	
가지고 왔어요	드릴게요	

 **핵심 어법**

◆把자문

일반적인 중국어의 어순은 '주어 + 술어 + 목적어'입니다. 특수구문 把bǎ자문은 한국어처럼 '주어 + 목적어 + 술어'의 어순이 됩니다. 물론 일반적인 형태는 아니기 때문에 把자문을 사용할 수 있는 조건이 충족되어야 합니다. 把자문이 사용되려면 술어의 뒤에 보어가 항상 있어야 합니다. 보어가 목적어를 어떤 식으로 처리했는지 나타내는 문장입니다. 그래서 把자문을 '처치문'이라고도 부릅니다.

你把护照带来了吗? 여권을 가지고 오셨습니까?
Nǐ bǎ hùzhào dàilai le ma?

Day 089

我还没说完呢。
나 아직 말 안 끝났어

A 你为什么不让我走呢?
Nǐ wèishénme bú ràng wǒ zǒu ne?

B 我还没说完呢。
Wǒ hái méi shuō wán ne.

A 我没有话跟你说。
Wǒ méiyǒu huà gēn nǐ shuō.

B 你这样走,以后会后悔的!
Nǐ zhèyàng zǒu, yǐhòu huì hòuhuǐ de!

A 왜 나 못 가게 해?
B 나 아직 말 안 끝났어.
A 난 너랑 할 말 없어.
B 너 이렇게 가면 나중에 후회할 거야!

 단어

- 让 ràng ~하게 하다 · 还 hái 아직 · 说完 shuō wán 다 말하다, 말을 마치다
- 以后 yǐhòu 이후에 · 后悔 hòuhuǐ 후회하다

덩어리 문장 분석

你为什么	不让	我走呢?
너는 왜,	못하게 하니	내가 가는 거?
我还没	说完呢。	
나는 아직 ~ 않았다	말이 끝나다	
我没有话	跟你说。	
나는 말이 없어	너에게 말하다	
你这样走,	以后会后悔的!	
너 이렇게 가면	나중에 후회할 거야	

핵심 어법

◆ 겸어문

겸어문은 한 단어가 두 가지 문장 성분을 겸하는 문장을 말합니다.

让我	+	我走	=	让我走
ràng wǒ		wǒ zǒu		ràng wǒ zǒu
나를 ~하게 하다		내가 간다		나를 가게 하다

위에서는 我가 목적어와 주어를 겸하고 있습니다.

◆ 부정부사의 위치

부정부사는 사역동사의 앞에 옵니다.

不让我走。 나를 가지 못하게 하다.   让我不走。(x)
Bú ràng wǒ zǒu.

你为什么不让我走呢? 왜 저를 가지 못하게 하나요?
Nǐ wèishénme bú ràng wǒ zǒu ne?

Day 090

你爱上她了。
너 사랑에 빠졌구나

□MP3 듣기 ▶ □한 문장씩 듣고 말하기 ▶ □복습하기

 오늘의 회화

A 她喜欢做什么？你能告诉我吗？
Tā xǐhuan zuò shénme? Nǐ néng gàosu wǒ ma?

B 哈哈，我看，你爱上她了，是吧？
Hā hā, wǒ kàn, nǐ àishang tā le, shì ba?

A 你就告诉我吧。
Nǐ jiù gàosu wǒ ba.

B 她跟你一样喜欢看书。
Tā gēn nǐ yíyàng xǐhuan kànshū.

A 걔는 뭘 하는 걸 좋아해? 알려 줄 수 있어?
B 하하, 내가 보니까 너 사랑에 빠졌구나, 그렇지?
A 그냥 알려 줘 봐.
B 걔는 너랑 똑같이 책 보는 거 좋아해.

단어

- **告诉** gàosu 알려 주다
- **爱上** àishang 사랑에 빠지다
- **跟~一样** gēn ~ yíyàng ~와 같다
- **看书** kànshū 책을 보다

她喜欢做什么?	你能告诉我吗?		
그녀는 무엇을 하는 걸 좋아해?	나한테 알려 줄 수 있어?		
哈哈,	我看,	你爱上她了,	是吧?
하하	내가 보니	너 그녀한테 반했구나	그렇지?
你就告诉我吧。			
그냥 알려 줘 봐			
她跟你一样	喜欢看书。		
그녀는 너랑 똑같이	책 보는 거 좋아해		

◆ 비교문 (1)

跟 ~ 一样 gēn ~ yíyàng은 '~와 같다', 跟 ~ 不一样 gēn ~ bù yíyàng은 '~와 다르다'라는 뜻의 비교를 나타냅니다.

> A 跟 B 一样　　A는 B와 같다
> A gēn B yíyàng
>
> A 跟 B 不一样　　A는 B와 다르다
> A gēn B bù yíyàng

她跟你一样喜欢看书。　그녀는 너랑 똑같이 책 보는 걸 좋아해.
Tā gēn nǐ yíyàng xǐhuan kànshū.

我跟你不一样。 난 너랑 달라.
Wǒ gēn nǐ bù yíyàng.

DAY 091~100

DAY 091 你比以前漂亮多了。 이전보다 훨씬 예뻐졌어

DAY 092 过奖了。 과찬이야

DAY 093 我记得… 제 기억엔…

DAY 094 怎么办? 어쩌면 좋지?

DAY 095 你看着办吧。 네가 알아서 해

DAY 096 忙得要死。 바빠 죽겠어

DAY 097 我再也不跟你说话了。 다시는 너랑 말하지 않을 거야

DAY 098 我也希望如此。 나도 그렇게 되길 바라

DAY 099 我尽快到。 내가 빨리 갈게

DAY 100 别提多高兴了。 얼마나 기쁜지 몰라

Day 091

你比以前漂亮多了。
이전보다 훨씬 예뻐졌어

□MP3 듣기 ▶□한 문장씩 듣고 말하기 ▶□복습하기

A 你比以前漂亮多了。
Nǐ bǐ yǐqián piàoliang duō le.

B 谢谢，我减了十多公斤。
Xièxie, wǒ jiǎn le shí duō gōngjīn.

A 哇，你真厉害！是怎么减肥的?
Wā, nǐ zhēn lìhai! Shì zěnme jiǎnféi de?

B 减肥很简单，应该少吃点儿，多运动。
Jiǎnféi hěn jiǎndān, yīnggāi shǎo chī diǎnr, duō yùndòng.

A 너 이전보다 훨씬 예뻐졌어.
B 고마워, 나 10여 킬로그램을 뺐어.
A 와, 너 정말 대단하다! 어떻게 뺀 거야?
B 다이어트는 간단해. 적게 먹고 많이 운동해야 해.

단어

- **比** bǐ ~보다
- **以前** yǐqián 이전
- **漂亮** piàoliang 아름답다, 예쁘다
- **多了** duō le 훨씬
- **减** jiǎn 빼다, 감하다
- **十多公斤** shí duō gōngjīn 10여 킬로그램
- **厉害** lìhai 대단하다
- **减肥** jiǎnféi 다이어트하다
- **简单** jiǎndān 간단하다
- **应该** yīnggāi ~해야 한다
- **少吃点儿** shǎo chī diǎnr 조금 먹다
- **运动** yùndòng 운동하다
- **多运动** duō yùndòng 운동을 많이 하다

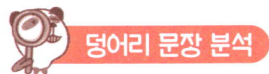 **덩어리 문장 분석**

你	比以前	漂亮	多了。
너는	이전보다	예뻐졌어	훨씬
谢谢,	我	减了	十多公斤。
고마워	나는	살뺐어	10여 킬로그램을
哇,	你真厉害!	是怎么减肥的?	
와	너 정말 대단하다	어떻게 뺀 거야?	
减肥	很简单,	应该少吃点儿,	多运动。
다이어트는	정말 간단해	적게 먹어야 하고	많이 운동해야 해

 **핵심 어법**

◆ 비교문 (2)

개사 比bǐ를 이용해서 '~보다 ~하다'라는 뜻의 비교를 나타낼 수 있습니다.

> A 比 B + 형용사　　A는 B보다 ~하다
> A bǐ B ~

你比以前漂亮多了。 너 이전보다 훨씬 예뻐졌다.
Nǐ bǐ yǐqián piàoliang duō le.

我比他好。 내가 걔보다 낫다.
Wǒ bǐ tā hǎo.

Day 092

过奖了。
과찬이야

□MP3 듣기 ▶□한 문장씩 듣고 말하기 ▶□복습하기

A 你的篮球技术很棒。
Nǐ de lánqiú jìshù hěn bàng.

B 过奖了，你也很好。
Guò jiǎng le, nǐ yě hěn hǎo.

A 我没有你那么好。我想跟你学习。
Wǒ méiyǒu nǐ nàme hǎo. Wǒ xiǎng gēn nǐ xuéxí.

B 可以啊，你想学习什么就问我吧。
Kěyǐ a, nǐ xiǎng xuéxí shénme jiù wèn wǒ ba.

A 네 농구 기술 정말 대단하다.
B 과찬이야. 너도 대단해.
A 난 너만큼 좋지는 않아. 너한테 배우고 싶어.
B 좋아, 뭐 배우고 싶은 게 있으면 나한테 물어봐.

 단어

- **篮球** lánqiú 농구　• **技术** jìshù 기술　• **棒** bàng 뛰어나다, 훌륭하다
- **过奖了** guò jiǎng le 과찬입니다　• **问** wèn 묻다

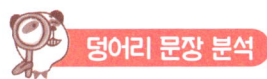

你的篮球技术	很棒。		
너의 농구 기술이	정말 대단하다		
过奖了,	你也很好。		
과찬이야	너도 잘해		
我	没有你那么好。	我想	跟你学习。
나는	너만큼 그렇게 잘하진 않아	나는 ~하고 싶다	너한테 배우다
可以啊,	你想学习什么	就问我吧。	
가능해	너는 무엇을 배우고 싶은 게 있으면	그러면 나한테 물어봐	

◆ 비교문 (3)

동사 有yǒu는 '있다'라는 뜻 이외에도 '정도에 미치다'라는 뜻을 나타낼 수 있습니다.

> A 有 B + 형용사　A는 B만큼 ~하다
> A yǒu B ~
>
> A 没有 B + 형용사　A는 B만큼 ~하지는 못하다
> A méiyǒu B ~

你有他唱得好吗? 너는 걔만큼 노래를 잘 부르니?
Nǐ yǒu tā chàng de hǎo ma?

我没有你那么好。 저는 당신만큼 그렇게 좋지는 않아요.
Wǒ méiyǒu nǐ nàme hǎo.

Day 093 我记得…
제 기억엔…

☐ MP3 듣기 ☐ 한 문장씩 듣고 말하기 ☐ 복습하기

 **오늘의 회화**

A 我们找错地方了吗？连一个人也没有。
Wǒmen zhǎo cuò dìfang le ma? Lián yí ge rén yě méiyǒu.

B 怎么会？我记得是这里呀。
Zěnme huì? Wǒ jìde shì zhèli ya.

A 哦，我好像记错了时间。我们早来了一个小时。
Ò, wǒ hǎoxiàng jìcuò le shíjiān. Wǒmen zǎo lái le yí ge xiǎoshí.

B 吓死我了，那我们在这儿等吧。
Xià sǐ wǒ le, nà wǒmen zài zhèr děng ba.

A 우리가 장소를 잘못 찾은 건가? 한 명도 없어.
B 그럴 리가? 내 기억엔 여기야.
A 오, 내가 아마도 시간을 잘못 알았나 봐. 우리가 한 시간 일찍 왔어.
B 놀래라, 그러면 우리 여기서 기다리자.

단어

- **找** zhǎo 찾다　· **错** cuò 어긋나다　· **地方** dìfang 장소, 자리
- **连一个人也** lián yí ge rén yě 한 명조차도　· **记得** jìde 기억하다　· **这里** zhèli 여기
- **好像** hǎoxiàng ~인 듯하다　· **记错** jìcuò 잘못 기억하다　· **时间** shíjiān 시간
- **早来** zǎo lái 일찍 오다　· **吓** xià 놀라다, 무서워하다　· **死** sǐ 죽다　· **等** děng 기다리다

我们	找错	地方了吗?	连一个人	也没有。		
우리가	잘못 찾다	장소를?	한 명조차	없어		
怎么会?	我记得	是这里呀。				
그럴 리가?	내 기억엔	여기야				
哦,	我好像	记错了时间。	我们	早来了	一个小时。	
오	내가 아마도 ~인 것 같다	시간을 잘못 기억하다	우리가	일찍 왔어	한 시간을	
吓死我了,	那我们在这儿等吧。					
놀래라	그러면 우리 여기서 기다리자					

◆ 连 강조문

连 lián을 사용하여 강조할 수도 있습니다. 也 yě, 都 dōu, 还 hái 등과 호응합니다.

连一个人也没有。 한 명도 없어.
Lián yí ge rén yě méiyǒu.

◆ 记得 기억하다

记得 jìde는 '기억하다'라는 뜻입니다. 得가 있어서 정태보어로 오해하는 분들이 종종 있는데, 记得의 得는 단어를 이루는 하나의 형태소이며, 记得 자체가 한 단어입니다. 记得 외에도 得라는 형태소를 가진 단어들이 있습니다.

> 觉得 juéde ~라고 느끼다
> 值得 zhíde ~할 만한 가치가 있다
> 认得 rènde 알다

我记得是这里呀。 내가 기억하기론 여기인걸.
Wǒ jìde shì zhèli ya.

Day 094 怎么办?
어쩌면 좋지?

□MP3 듣기 ▶ □한 문장씩 듣고 말하기 ▶ □복습하기

 오늘의 회화

A 我的钱包被小偷儿偷走了！
Wǒ de qiánbāo bèi xiǎotōur tōuzǒu le!

B 什么？那个小偷儿在哪里？
Shénme? Nàge xiǎotōur zài nǎli?

A 已经跑了！我怎么办？
Yǐjīng pǎo le! Wǒ zěnmebàn?

B 你哭什么！快去报警吧！
Nǐ kū shénme! Kuài qù bàojǐng ba!

A 내 지갑을 도둑맞았어.
B 뭐? 그 도둑 어디 있어?
A 이미 도망갔어! 나 어쩌면 좋지?
B 뭘 울고 있어! 빨리 가서 신고해!

단어

- **钱包** qiánbāo 지갑 • **被** bèi ~에 의해서 • **小偷儿** xiǎotōur 도둑 • **偷** tōu 훔치다
- **偷走** tōuzǒu 훔쳐서 도망가다 • **跑** pǎo 뛰다, 도망가다 • **怎么办** zěnmebàn 어떡해
- **哭** kū 울다 • **报警** bàojǐng 신고하다

 덩어리 문장 분석

我的钱包	被小偷儿	偷走了!
내 지갑이	도둑에게	훔쳐 가 버렸어
什么?	那个小偷儿	在哪里?
뭐?	그 도둑은	어디에 있어?
已经跑了!	我怎么办?	
이미 도망갔어	나 어쩌지?	
你哭什么!	快去报警吧!	
뭘 울고 있어	빨리 가서 신고해	

 핵심 어법

◆被 자문

개사 被bèi는 피동문을 만들 때 사용됩니다. '도둑이 내 지갑을 훔쳐갔어'라는 문장을 피동문으로 바꾸면 '내 지갑이 도둑질당했어'가 됩니다. 被자문에서는 被 뒤의 가해자를 생략할 수 있습니다.

我的钱包被(小偷儿)偷走了。 내 지갑이 도둑에 의해 훔쳐졌어.
Wǒ de qiánbāo bèi (xiǎotōur) tōuzǒu le.
(小偷儿 생략 가능)

◆你哭什么

서술어 뒤에 의문대사를 사용해서 화자의 불만적 어투를 표현할 수 있습니다.

你哭什么! 울긴 왜 울어!
Nǐ kū shénme!

你笑什么! 뭘 웃고 그래!
Nǐ xiào shénme!

Day 095

你看着办吧。
네가 알아서 해

□MP3 듣기 ▶ □한 문장씩 듣고 말하기 ▶ □복습하기

A 要是你不想去的话，就不要去。
Yàoshi nǐ bù xiǎng qù dehuà, jiù búyào qù.

B 其实我不知道怎么办。
Qíshí wǒ bù zhīdao zěnmebàn.

A 我不勉强你，你看着办吧。
Wǒ bù miǎnqiǎng nǐ, nǐ kànzhe bàn ba.

B 好吧，我再好好儿想想吧。
Hǎo ba, wǒ zài hǎohāor xiǎngxiang ba.

A 만약에 네가 가고 싶지 않으면 그냥 가지 마.
B 사실은 어찌해야 할지 모르겠어.
A 너에게 강요하지 않을 테니 네가 알아서 해.
B 알았어, 내가 다시 한 번 생각해 볼게.

단어

- **要是** yàoshi 만약에
- **的话** dehuà ~한다면
- **不要** búyào ~하지 마라
- **其实** qíshí 사실은
- **不知道** bù zhīdao 모른다
- **勉强** miǎnqiǎng 강요하다
- **你看着办吧** nǐ kànzhe bàn ba 네가 알아서 해라
- **好好儿** hǎohāor 잘
- **想** xiǎng 생각하다

要是	你不想去	的话,	就不要去。
만약에	네가 가고 싶지 않다	~한다면	그냥 가지 마
其实	我不知道	怎么办。	
사실은	나도 잘 모르겠어	어찌해야 할지	
我	不勉强	你,	你看着办吧。
나는	강요하지 않아	너를	네가 알아서 해
好吧,	我再	好好儿	想想吧。
알았어	내가 다시	잘	생각해 볼게

◆要是 ~ 的话, 就

要是 yàoshi는 如果 rúguǒ처럼 '만약 ~한다면'이란 뜻을 가지고 있습니다. 的话 dehuà, 부사 就 jiù와 호응합니다.

要是你不想去的话, 就不要去。 만약 네가 가고 싶지 않다면, 그러면 가지 마라.
Yàoshi nǐ bù xiǎng qù dehuà, jiù búyào qù.

 네가 알아서 해

你看着 nǐ kànzhe는 '네가 보는 대로', 办 bàn은 '처리하다'라는 뜻입니다. 你看着办吧 Nǐ kànzhe bàn ba라고 하면 '네가 알아서 해라', '네가 원하는 대로 해라'라는 뜻이 됩니다.

Day 096

忙得要死。
바빠 죽겠어

☐ MP3 듣기 ▶ ☐ 한 문장씩 듣고 말하기 ▶ ☐ 복습하기

 오늘의 회화

A 这次比赛很重要，你一定得参加呀。
Zhècì bǐsài hěn zhòngyào, nǐ yídìng děi cānjiā ya.

B 我现在准备考试，忙得要死。
Wǒ xiànzài zhǔnbèi kǎoshì, máng de yàosǐ.

A 只有你来，我们才可以得到冠军。
Zhǐyǒu nǐ lái, wǒmen cái kěyǐ dédào guànjūn.

B 好吧好吧。
Hǎo ba hǎo ba.

A 이번 경기 진짜 중요해, 너 반드시 참가해야 해.
B 난 지금 시험 준비해, 바빠 죽겠어.
A 네가 와야만 우리는 우승할 수 있어.
B 알았어, 알았어.

단어

- **比赛** bǐsài 경기
- **重要** zhòngyào 중요하다
- **一定** yídìng 반드시
- **得** děi ~해야 한다
- **参加** cānjiā 참가하다
- **准备** zhǔnbèi 준비하다
- **考试** kǎoshì 시험을 치다
- **忙得要死** máng de yàosǐ 바빠 죽겠다
- **只有** zhǐyǒu ~해야만 …이다
- **才** cái 그제서야
- **得到** dédào 얻다
- **冠军** guànjūn 챔피언, 우승

这次比赛	很重要,	你一定	得	参加呀。
이번 경기	정말 중요해	너는 반드시	~해야 해	참가
我现在	准备考试,	忙得要死。		
나는 지금	시험을 준비해	바빠 죽겠어		
只有你来,	我们	才可以	得到冠军。	
네가 와야만	우리는	그제서야 ~할 수 있어	우승을 얻다	
好吧好吧。				
알았어, 알았어				

◆ 只有 + A

'只有 zhǐyǒu + A'는 '~만 있다'라는 뜻입니다. '~만'이라는 뜻의 부사 只 zhǐ와 '~이 있다'라는 뜻의 동사 有 yǒu가 결합된 형태이죠.

我**只有**你一个。 난 너 하나뿐이야.
Wǒ zhǐyǒu nǐ yí ge.

◆ 只有 + A + 동사, 才

'只有 + A'의 뒤에 동사가 따르는 경우에는 '~해야만 …한다'라는 뜻의 조건문이 됩니다. 뒤에는 습관적으로 才 cái를 대동합니다.

只有你来, 我们**才**可以得到冠军。 네가 와야만 우리는 (그제서야) 챔피언을 얻을 수 있어.
Zhǐyǒu nǐ lái, wǒmen cái kěyǐ dédào guànjūn.

Day 097
我再也不跟你说话了。
다시는 너랑 말하지 않을 거야

□MP3 듣기 ▶ □한 문장씩 듣고 말하기 ▶ □복습하기

A 你说话真难听。
Nǐ shuō huà zhēn nántīng.

B 我怎么了？是你先欺负我的。
Wǒ zěnme le? Shì nǐ xiān qīfu wǒ de.

A 那也不能骂人！
Nà yě bù néng mà rén!

B 我再也不跟你说话了。
Wǒ zài yě bù gēn nǐ shuō huà le.

A 너 말하는 거 정말 듣기 싫다.
B 내가 뭘? 네가 먼저 나 괴롭혔잖아.
A 그래도 욕을 하면 안 되지!
B 나 다시는 너랑 말하지 않을 거야.

단어

- **难听** nántīng 듣기 싫다, 귀에 거슬리다
- **先** xiān 먼저
- **欺负** qīfu 괴롭히다
- **骂** mà 욕하다
- **喝酒** hē jiǔ 술을 마시다

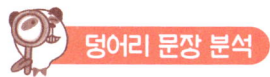

你说话	真难听。		
너 말하는 게	정말 듣기 싫다		
我怎么了?	是	你先欺负我	的。
내가 뭘	是 ~ 的 강조 구문	네가 먼저 날 괴롭히다	是 ~ 的 강조 구문
那也	不能骂人!		
그렇다 해도	욕하면 안 되지		
我	再也不	跟你说话了。	
나는	다시는 ~하지 않다	너랑 이야기하다	

再也不 ~ 了 zài yě bù ~ le는 '더 이상 ~하지 않겠다'라는 뜻입니다. 너 이상 이런 일을 반복하지 않겠다는 의지를 나타낼 때 자주 쓰이는 표현입니다.

我**再也不**跟你说话**了**。 나 다시는 너와 이야기하지 않을 거야.
Wǒ zài yě bù gēn nǐ shuō huà le.

我**再也不**会这样**了**。 나 다시는 이러지 않을 거야.
Wǒ zài yě bú huì zhèyàng le.

我**再也不**喝酒**了**。 나 다시는 술 마시지 않을 거야.
Wǒ zài yě bù hē jiǔ le.

我也希望如此。
나도 그렇게 되길 바라

□MP3 듣기 ▶ □한 문장씩 듣고 말하기 ▶ □복습하기

 오늘의 회화

A 你汉语说得越来越好了。
Nǐ Hànyǔ shuō de yuè lái yuè hǎo le.

B 我每天学习两三个小时。
Wǒ měitiān xuéxí liǎng sān ge xiǎoshí.

A 你真努力。这样的话，你早晚能成为翻译员。
Nǐ zhēn nǔlì. Zhèyàng dehuà, nǐ zǎowǎn néng chéngwéi fānyìyuán.

B 我也希望如此！
Wǒ yě xīwàng rúcǐ!

A 너 중국어 말하는 게 날이 갈수록 좋아진다.
B 난 매일 두세 시간을 공부해.
A 너 정말 노력하는구나. 이러다가 너 금방 통역사 되겠어.
B 나도 그렇게 되길 바라!

📔 단어

- **说得** shuō de 말하는 것 · **越来越** yuè lái yuè 나날이
- **两三个小时** liǎng sān ge xiǎoshí 두세 시간 · **努力** nǔlì 노력하다 · **的话** dehuà ~한다면
- **早晚** zǎowǎn 조만간 · **成为** chéngwéi ~으로 되다 · **翻译员** fānyìyuán 통역사
- **希望** xīwàng 희망하다 · **如此** rúcǐ 이와 같다 · **难** nán 어렵다

 덩어리 문장 분석

你汉语	说得	越来越	好了。	
너 중국어	말하는 게	날이 갈수록	좋아진다	
我每天	学习	两三个小时。		
나는 매일	공부해	두세 시간을		
你真努力。	这样的话,	你早晚	能成为	翻译员。
너 정말 노력한다	이러면	너는 금방	~될 수 있겠다	통역사
我	也	希望如此!		
나	역시	그렇게 되길 바라		

핵심 어법

◆ 越 ~ 越 …

越 ~ 越 … yuè~yuè…는 '…할수록 ~하다'라는 뜻입니다.

越多越好。 많으면 많을수록 좋다.
Yuè duō yuè hǎo.

越来越好。 갈수록 좋아지다.
Yuè lái yuè hǎo.

◆  갈수록

越来越는 '더욱더', '점점', '갈수록'라는 뜻입니다.

越来越好。 갈수록 좋아지다.
Yuè lái yuè hǎo.

越来越多。 갈수록 많아지다.
Yuè lái yuè duō.

越来越难。 갈수록 어렵다. (갈수록 태산이다.)
Yuè lái yuè nán.

Day 099

我尽快到。
내가 빨리 갈게

□MP3 듣기 ▶ □한 문장씩 듣고 말하기 ▶ □복습하기

A 你快来吧。大家都找你呢。
Nǐ kuài lái ba. Dàjiā dōu zhǎo nǐ ne.

B 其他人都来了吗?
Qítārén dōu lái le ma?

A 除了你以外,都到了。
Chúle nǐ yǐwài, dōu dào le.

B 只有我没来? 那我尽快到。
Zhǐyǒu wǒ méi lái? Nà wǒ jǐnkuài dào.

A 빨리 와 봐. 모두가 다 널 찾고 있어.
B 다른 사람들 다 왔어?
A 너 빼고 다 왔어.
B 나 혼자만 안 왔다고? 그러면 내가 빨리 갈게.

단어

- **大家** dàjiā 여러분, 모두들
- **都** dōu 모두, 전부
- **找** zhǎo 찾다
- **其他人** qítārén 다른 사람
- **除了 ~ 以外** chúle ~ yǐwài ~를 제외하고
- **只有** zhǐyǒu ~만 …하다
- **尽快** jǐnkuài 되도록 빨리
- **到** dào 도착하다

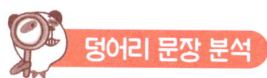 **덩어리 문장 분석**

你快来吧。	大家都	找你呢。	
너 빨리 와	사람들 모두	널 찾고 있어	
其他人	都来了吗?		
다른 사람들	다 왔어?		
除了	你	以外,	都到了。
~를 제외하고	너	이외에	모두 도착했어
只有我没来?	那我尽快到。		
나만 안 왔다고?	그러면 내가 빨리 갈게		

 **핵심 어법**

除了 ~ 以外 chúle ~ yǐwài는 '~을 제외하고', '~이외에는'이라는 뜻입니다. 以外를 생략할 수도 있습니다.

除了你以外, 都到了。 너 이외에는 모두가 도착했어.
Chúle nǐ yǐwài, dōu dào le.

我除了你, 没有别人。 난 너 이외에는 아무도 없어.
Wǒ chúle nǐ, méiyǒu biérén.

Day 100

别提多高兴了。

얼마나 기쁜지 몰라

□MP3 듣기 ▶ □한 문장씩 듣고 말하기 ▶ □복습하기

A 我终于考上了，别提多高兴了。
Wǒ zhōngyú kǎoshang le, bié tí duō gāoxìng le.

B 这都是你努力的结果。
Zhè dōu shì nǐ nǔlì de jiéguǒ.

A 而且我的爸爸给我礼物了。
Érqiě wǒ de bàba gěi wǒ lǐwù le.

B 你有资格得到这份礼物。
Nǐ yǒu zīgé dédào zhè fèn lǐwù.

A 나 드디어 (시험에) 붙었어. 얼마나 기쁜지 몰라.
B 이건 모두 네가 노력한 결과야.
A 게다가 우리 아빠가 나에게 선물을 주셨어.
B 넌 이 선물을 받을 자격이 있어.

단어

- **终于** zhōngyú 드디어, 결국에　• **考上** kǎoshang 시험에 붙다
- **别提多 ~ 了** bié tí duō ~ le 얼마나 ~한지 모른다　• **高兴** gāoxìng 기쁘다
- **努力** nǔlì 노력하다　• **结果** jiéguǒ 결실, 결과　• **而且** érqiě 게다가　• **礼物** lǐwù 선물
- **资格** zīgé 자격　• **得到** dédào 얻다　• **份** fèn 선물을 세는 양사　• **痛苦** tòngkǔ 고통스럽다
- **冷** lěng 춥다

 덩어리 문장 분석

我	终于	考上了,	别提多	高兴了。
나	드디어	붙었어	얼마나 ~한지 몰라	기쁜지
这都是	你努力的结果。			
이건 모두 ~이다	네가 노력한 결과			
而且	我的爸爸	给我	礼物了。	
게다가	우리 아빠가	나에게 주다	선물을	
你有资格	得到	这份礼物。		
너는 자격이 있어	~을 얻다	이 선물을		

 핵심 어법

◆别提多 ~ 了

别提多 ~ 了 bié tí duō ~ le는 '얼마나 ~한지 말도 마라'라는 뜻입니다.

我终于考上了, 别提多高兴了。 난 결국 합격했어. 얼마나 기쁜지 말도 마.
Wǒ zhōngyú kǎoshang le, bié tí duō gāoxìng le.

别提多痛苦了。 얼마나 고통스러운지 말도 마.
Bié tí duō tòngkǔ le.

别提多冷了。 얼마나 추운지 말도 마.
Bié tí duō lěng le.

◆有 연동문

有 yǒu는 연동문으로 사용되는 경우가 많습니다.

你有资格得到这份礼物。 너는 이 선물을 받을 만한 자격이 있어.
Nǐ yǒu zīgé dédào zhè fèn lǐwù.

你有得到这份礼物的资格。 너는 이 선물을 받을 만한 자격이 있어.
Nǐ yǒu dédào zhè fèn lǐwù de zīgé.